COURS COMPLET

D'HISTOIRE ET DE GÉOGRAPHIE

DESCRIPTION PARTICULIÈRE DE L'EUROPE

Classe de troisième.

G

18874

On trouve aussi à la même librairie.

OUVRAGES DIVERS DE M. FÉLIX ANSART.

PRÉCIS DE GÉOGRAPHIE ANCIENNE ET MODERNE COMPARÉE, rédigé pour l'usage des Lycées, des Colléges et de toutes les Maisons d'éducation. 24ᵉ édit., revue avec soin. 1 vol. in-12, cart. 3 fr.

Ouvrage renfermant tous les détails qui peuvent faciliter l'étude de l'Histoire et l'intelligence des auteurs classiques, *autorisé par le Conseil de l'Instruction publique.*

On vend séparément :

Le PRÉCIS DE GÉOGRAPHIE ANCIENNE. 1 vol. in-12, cart. 1 fr. 60 c.
Le PRÉCIS DE GÉOGRAPHIE MODERNE. 1 vol. in-12, cart. 1 fr. 60 c.

PETITE HISTOIRE DE FRANCE, à l'usage des Classes élémentaires. Nouvelle édition, complétement revue, *rédigée sur un plan nouveau*, et augmentée d'Exercices, de Cartes géographiques et des Portraits des rois. 1 vol. in-18, cart. 75 c.

Ouvrage *autorisé par le Conseil de l'Instruction publique.*

PETITE HISTOIRE SAINTE, à l'usage des Classes élémentaires des Colleges, continuée jusqu'à la destruction de Jérusalem. Nouvelle édition, augmentée de Questionnaires et de 2 Cartes géographiques. 1 vol. in-18, cart. 75 c.

Ouvrage approuvé par LL. EE les Cardinaux Archevêque de Tours et Evêque d'Arras; NN. SS. les Archevêques de Paris, de Cambrai et d'Albi, et par NN SS. les Evêques de Langres, d'Amiens, de Saint-Dié, de Beauvais, de Pamiers et d'Autun, et *autorisé par le Conseil de l'Instruction publique.*

VIE DE NOTRE-SEIGNEUR JÉSUS-CHRIST, littéralement extraite des textes des Saints Evangiles, et suivie d'un Précis de la doctrine chrétienne, à l'usage des Classes élémentaires des colléges. Nouvelle édition, augmentée de Questionnaires. 1 vol. in-18 de 180 p., cart. 75 c.

Ouvrage revêtu des mêmes approbations que le précédent.

ATLAS HISTORIQUE ET GÉOGRAPHIQUE, renfermant toutes les cartes nécessaires pour suivre un cours complet d'études, dressé pour l'usage de tous les établissements d'instruction publique, et renfermant 63 planches donnant plus de 120 cartes et plans in-4. Demi-reliure. 18 fr.

Il se divise en plusieurs parties qui se vendent séparément pour les diverses classes.

PETIT ATLAS HISTORIQUE ET GÉOGRAPHIQUE, composé de 40 cartes in-4. 6 fr.

Il se divise en trois parties qui se vendent séparément.

Tout exemplaire non revêtu de la signature de l'un des auteurs et de celle de l'éditeur sera réputé contrefait.
Le dépôt légal de tous les ouvrages annoncés ci-dessus et d'autre part ayant été effectué, les auteurs feront poursuivre rigoureusement toute contrefaçon ou traduction faite au mépris de leurs droits.

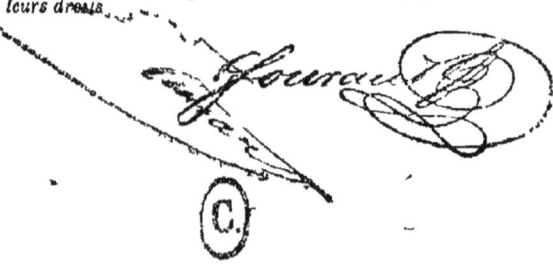

Les Auteurs se réservent le droit de traduction.

COURS COMPLET
D'HISTOIRE ET DE GÉOGRAPHIE

D'APRÈS

LES NOUVEAUX PROGRAMMES

ARRÊTÉS PAR S. E. LE MINISTRE DE L'INSTRUCTION PUBLIQUE

LE 12 AOUT 1857

POUR L'ENSEIGNEMENT DANS LES LYCÉES,

PAR

MM. Ed. ANSART FILS

Professeur d'histoire et de géographie, membre de la Société de Géographie,

ET

AMBROISE RENDU

Docteur en droit, Auteur de divers ouvrages classiques.

CLASSE DE TROISIÈME.

PARTIE GÉOGRAPHIQUE

DESCRIPTION PARTICULIÈRE DE L'EUROPE

DEUXIÈME ÉDITION, REVUE ET CORRIGÉE.

PARIS

LIBRAIRIE CLASSIQUE ET ECCLÉSIASTIQUE

DE CH. FOURAUT

47, RUE SAINT-ANDRÉ-DES-ARTS, 47.

1860

LE COURS COMPLET
D'HISTOIRE ET DE GÉOGRAPHIE,

SPÉCIALEMENT RÉDIGÉ

d'après le Programme du 12 août 1857
PAR MM. ANSART FILS ET AMBROISE RENDU,

se compose des ouvrages suivants :

CLASSE DE SIXIÈME.

HISTOIRE ANCIENNE, 2ᵐᵉ Édition, revue avec soin. 1 vol. in-12, broché. . . . . 2 fr. 50 c.
Le même volume, suivi de la Géographie physique du globe et de la Géographie générale de l'Asie moderne. 1 vol in-12, broché. . . 3 fr.

CLASSE DE CINQUIÈME.

HISTOIRE GRECQUE, 2ᵐᵉ Édition, revue avec soin. 1 vol. in-12, broché . . . . 2 fr. 50 c
Le même volume, suivi de la Géographie de l'Europe et de l'Afrique modernes. 1 vol. in-12, broché. . . . . 3 fr.

CLASSE DE QUATRIÈME.

HISTOIRE ROMAINE, 2ᵐᵉ Édition, revue avec soin. 1 vol. in-12, broché . . . . 2 fr. 50 c.
Le même volume, suivi de la Géographie générale de l'Amérique et de l'Oceanie 1 vol in-12, broché. . . . . 3 fr.

CLASSE DE TROISIÈME.

HISTOIRE DE FRANCE ET HISTOIRE DU MOYEN AGE, DU Vᵉ AU XIVᵉ SIECLE, 2ᵐᵉ Édit., revue avec soin. 1 vol. in-12, broc. 3 fr. 25 c.
Le même volume, suivi de la description particulière de l'Europe. 1 vol. in 12, broché. . . . . 4 fr.

CLASSE DE SECONDE.

HISTOIRE DE FRANCE, HISTOIRE DU MOYEN AGE ET DES TEMPS MODERNES, DU XIVᵉ SIECLE AU MILIEU DU XVIIᵉ. 1 vol. in-12, broché. . . . . 3 fr. 25 c.
Le même volume, suivi de la description particulière de l'Asie, de l'Afrique, de l'Amérique et de l'Océanie. 1 vol. in-12, broché. . . . 4 fr.

CLASSE DE RHÉTORIQUE.

HISTOIRE DE FRANCE, HISTOIRE MODERNE depuis l'avénement de Louis XIV jusqu'à 1815. 1 vol. in-12, broché. . . . . 3 fr. 25 c.
Le même volume, suivi de la Géographie physique et politique de la France. 1 vol. in-12, broché. . . . . 4 fr.

Le cartonnage se paye en sus 25 centimes par volume.

Tous les cahiers de Géographie ajoutés à la fin de chaque volume peuvent se vendre séparément, savoir :

Ceux destinés aux classes de sixième, cinquième et quatrième, 75 c., cartonné.

Ceux destinés aux classes de troisième, seconde et rhétorique, 1 fr., cartonné.

Chaque volume contient les CARTES CORRESPONDANTES AUX QUESTIONS DE GÉOGRAPHIE prescrites par les Programmes.

Ces volumes répondent également, au moyen de renvois détaillés, à toutes les questions d'Histoire et de Géographie posées par les PROGRAMMES DES BACCALAURÉATS ÈS LETTRES ET ÈS SCIENCES, lesquels sont insérés intégralement dans le premier volume, et par extraits dans chacun des volumes suivants.

PARIS. — Imprimerie de ÉDOUARD BLOT, rue Saint-Louis, 46
(Ancienne maison Dondey-Dupré.)

EXTRAIT DES PROGRAMMES

DE

L'ENSEIGNEMENT DE L'HISTOIRE

ET DE LA GÉOGRAPHIE

DANS LES LYCÉES,

PRESCRITS PAR ARRÊTÉ DE M. LE MINISTRE DE L'INSTRUCTION PUBLIQUE
DU 12 AOUT 1857.

Classe de troisième.

DESCRIPTION PARTICULIÈRE DE L'EUROPE

Questions.   Pages.

1. Géographie physique de l'Europe : Situation ; limites. — Mers et golfes. — Isthmes et détroits. — Iles et presqu'îles principales. 1

2. Grandes chaînes de montagnes : leur hauteur moyenne. — Volcans. — Ligne de partage des eaux. — Versants. . 11

3. Division de l'Europe en grands bassins : Principaux fleuves et cours d'eau ; leur importance commerciale. — Lacs. . 18

4. Populations de l'Europe : Races, langues, religions. — Grandes voies de communication internationale par canaux ou chemins de fer. 23

5. Divisions politiques (la France exceptée) : GRANDE-BRETAGNE : Principales divisions administratives. — Grandes villes d'industrie et de commerce. — Population, langues, religions, gouvernement. — Importance militaire et commerciale des possessions de la Grande-Bretagne en Europe et hors de l'Europe. 30

6. BELGIQUE, PAYS-BAS, ÉTATS SCANDINAVES : Principales divisions administratives. — Villes importantes d'industrie et de commerce. — Population, langues, religions, gouvernement. — Possessions hors de l'Europe. 46

| Questions | Pages |

7. Confédération Germanique : Grandes divisions. — Capitales — Principales villes d'industrie et de commerce. — Population, langue, religions, gouvernement.. 70

8. Prusse : Sa situation géographique. — Division en provinces. — Principales villes d'industrie et de commerce. — Population, langues, religions et gouvernement. — Provinces qui font partie de la Confédération Germanique. 84

9. Autriche : Sa situation géographique. — Divers États et peuples qui la composent. — Grandes divisions administratives. — Principales villes. — Langues, religions, gouvernement. — Provinces qui font partie de la Confédération Germanique. 88

10. Confédération Helvétique et États italiens. Divisions principales. — Villes importantes. — Population, langues, religions, gouvernement. 94

11. Espagne et Portugal : Divisions principales. — Grandes villes. — Population, langues, religion et gouvernement. — Possessions hors de l'Europe. 106

12. Turquie et Grèce : Divisions principales. — Principales villes. — Langues, religions, gouvernement. — Peuples différents compris dans l'empire Ottoman. — Possessions hors de l'Europe. 113

13. Russie et Pologne : Grandes divisions et principales villes. — Langues, religions, gouvernement. — Peuples différents compris dans l'empire Russe. — Possessions hors de l'Europe. 62

EXTRAIT DES PROGRAMMES

ANNEXÉS

AU RÈGLEMENT SUR L'EXAMEN DU BACCALAURÉAT ÈS LETTRES

ARRÊTÉ PAR M. LE MINISTRE DE L'INSTRUCTION PUBLIQUE
LE 3 AOUT 1857.

GÉOGRAPHIE.

Questions.   Pages
4. Europe. — Limites et contour. — Mers et îles. . . .   2 et suiv.
   Montagnes.. . . . .   11 et suiv.
   Fleuves. — Lacs.. . . . .   19 et suiv.
5. Grandes divisions de l'Europe d'après les races et les
   religions. — Langues principales.. . . . .   24 et suiv.
   Principaux États. — Leur situation. — Capitales.
   Population de l'Europe.. . . . .   24 et suiv.
7. États du Nord de l'Europe : Situation et limites. —
   Capitales. — Gouvernements. — Population.. .   30 et suiv.
8. États du Centre de l'Europe : Situation et limites. —
   Capitales. — Gouvernements. — Population.. .   71 et suiv.
9. États de l'Est de l'Europe : Situation et limites. —
   Capitales. — Gouvernements. — Population.. .   114 et suiv.
10. États du Midi de l'Europe : Situation et limites. —
    Capitales. — Gouvernements. — Population. . .   98 et suiv.
12. GÉOGRAPHIE INDUSTRIELLE ET COMMERCIALE : Notions
    sommaires sur les localités d'où proviennent les
    matières premières les plus utiles à l'industrie, et
    sur les centres d'industrie et de commerce les plus
    importants.. . . . .   121 et suiv.

EXTRAIT DES PROGRAMMES

ANNEXÉS

AU RÈGLEMENT SUR L'EXAMEN DU BACCALAURÉAT ÈS SCIENCES

ARRÊTÉ PAR M. LE MINISTRE DE L'INSTRUCTION PUBLIQUE
LE 3 AOUT 1857.

GÉOGRAPHIE.

Questions.	Pages.
7. *Europe.* — *Géographie physique*.............	1
8. *Europe.* — *Géographie politique*............	30
9. *Europe.* — *Géographie industrielle et commerciale.* ...	121

CLASSE DE TROISIÈME.

DESCRIPTION PARTICULIÈRE DE L'EUROPE.

PREMIÈRE PARTIE.

CHAPITRE PREMIER.

GÉOGRAPHIE PHYSIQUE DE L'EUROPE.

SOMMAIRE.

I. 1. L'Europe est bornée par l'océan Glacial Arctique au N., l'Atlantique à l'O., la Méditerranée, l'Archipel, le détroit des Dardanelles, la mer de Marmara, le détroit de Constantinople, la mer Noire, le Caucase au S., la mer Caspienne, le fleuve Oural, les monts Ourals à l E. Elle a environ 5,475 kilomètres sur 3,850 ; elle est la plus petite partie du monde, mais aussi la plus heureusement située et la plus riche.

. L'Europe offre un contour profondément découpé par des mers qui, pénétrant au sein du continent, facilitent les communications et les relations commerciales entre tous les pays et favorisent ainsi le développement de la civilisation.

II. 3. L'Europe est baignée par 4 grandes mers qui en forment 15, 28 golfes et 22 détroits principaux.

. L'océan Glacial Arctique forme la mer de Kara, le golfe de la Petchora, la mer Blanche, le golfe Occidental, etc.

. L'océan Atlantique forme la mer du Nord ou d'Allemagne, communiquant par les détroits du Skager-Rack, du Cattégat, du Sund, du Grand et du Petit Belt avec la mer Baltique, où sont les golfes de Danzig, de Livonie, de Finlande et de Botnie ; la mer du Nord forme encore les golfes de Zuyder-Zee, de Murray, de Forth, de la Tamise, et communique par le Pas-de-Calais avec la Manche et l'océan Atlantique, auquel appartiennent encore la mer d Ecosse, la mer d'Irlande et le golfe de Gascogne.

La mer Méditerranée, s'ouvrant au detroit de Gibraltar, forme les golfes du Lion et de Gênes, la mer de Sicile, le phare de Messine, le golfe de Tarente, la mer Adriatique avec les golfes de Venise et de Trieste, la mer Ionienne et le golfe de Lépante, les mers de Candie et de l'Archipel, le detroit des Dardanelles, la mer de Marmara, le détroit de Constantinople, la mer Noire avec les golfes d'Odessa et de Perekop, communiquant par le détroit de Kaffa avec la mer d'Azov.

. La mer Caspienne est isolée ; elle forme les golfes de Kalpitchia et Agrakhanskoi.

§ III. 8. Les îles de l'Europe se divisent entre les grandes mers.
9. On cite dans l'océan Glacial : la Nouvelle-Zemble, l'archipel du Spitzberg, celui des îles Tromsen et Loffoden.
10. Dans l'Atlantique : les îles Færœ (l'Islande étant à l'Amérique), les îles Britanniques, les îles Normandes; dans la mer du Nord : l'île d'Helgoland; dans la mer Baltique : les îles de Séeland, Fionie, Rugen, Bornholm, OEland, Gottland, OEsel, Dago, Aland, etc.
11. Dans la Méditerranée et mers en dépendant : la Corse, la Sardaigne, la Sicile, les Baléares, l'île d'Elbe, les îles Lipari, Malte, Candie, îles Illyriennes, îles Ioniennes, Négrepont, les Cyclades et les îles européennes de l'Archipel.
§ IV. 12. Les 7 presqu'îles et les 2 isthmes de l'Europe se partagent en 2 series au Nord et au Sud.
13. Au Nord, se trouvent : la péninsule Scandinave, le Jutland.
13 bis. au Sud, sont : la péninsule Hispanique, l'Italie avec les presqu'îles d'Otrante et de Calabre, la péninsule Orientale ou Turco-Grecque, à laquelle se rattache, par l'isthme de Corinthe, la presqu'île de Morée; la Crimée, tenant au continent par l'isthme de Perekop.

§ I. — SITUATION. — FORME GÉNÉRALE.

1. SITUATION. LIMITES (1). — L'EUROPE est comprise entre le 34ᵉ degré 52 minutes et le 81ᵉ degré de latitude N., depuis le cap *Matala* ou *Théodia*, le plus méridional de l'île de Candie, jusqu'aux îles les plus septentrionales de l'archipel du *Spitzberg*, qui doit être rattaché à l'Europe, parce qu'il en est plus voisin que de l'Amérique. — Elle s'étend en longitude du 13ᵉ degré à l'O. du méridien de Paris au 75ᵉ à l'E., depuis les petites îles situées sur la côte occidentale de l'Irlande jusqu'au cap *Jelania* ou *Désiré*, à l'extrémité N. E. de la *Nouvelle-Zemble*.

L'EUROPE est bornée, au N. et au N. O., par l'océan Glacial Arctique ; à l'O., par l'Atlantique ; au S., par la Méditerranée ; au S. E., par l'Archipel, le détroit des Dardanelles, la mer de Marmara, le détroit de Constantinople, la mer Noire et le Caucase ; à l'E., par la mer Caspienne, le fleuve Oural, les monts Ourals ou Poyas, et le petit fleuve Kara.

La partie continentale de l'Europe forme, au N. O. de l'ancien continent, une vaste presqu'île qui n'a pas moins de 5,475 kilomètres dans sa plus grande longueur, depuis le cap *Saint-Vincent*, au S. O., jusqu'au coude le plus oriental du fleuve Kara, au N. E., et de 3,850 kilom. dans sa plus grande largeur, depuis le cap *Nord* de la Laponie, situé un peu au S.

---

(1) Consulter, dans l'*Atlas historique et géographique à l'usage des colléges*, par M. Ansart, la Carte de l'EUROPE PHYSIQUE, et, pour quelques détails relatifs aux mers et aux terres Arctiques, celles de l'ASIE et de la MAPPEMONDE.

de celui de l'île Mageroë, jusqu'au point le plus méridional de la ligne de faîte de la chaîne du Caucase. Cette largeur se rétrécit en avançant vers le S. O., de telle sorte qu'elle n'a plus que 1,140 kilomètres entre la mer du Nord et la mer Adriatique, 825 kilomètres entre la Manche et le golfe de Gênes, et 360 seulement entre le golfe de Gascogne et celui du Lion. — La superficie totale de l'Europe est évaluée à 9,669,762 kilomètres carrés; elle est donc la plus petite des cinq parties du monde; mais si elle n'est pas le quart de l'Asie et de l'Amérique et à peine le tiers de l'Afrique, elle ne renferme pas, comme toutes ces parties du monde, d'immenses déserts : aussi est-elle, proportionnellement à son étendue, la plus fertile, la mieux cultivée et la plus peuplée de toutes.

2. FORME GÉNÉRALE DU CONTOUR. — Un des caractères les plus remarquables de l'Europe, celui qui a exercé le plus d'influence sur sa civilisation, et qui explique le mieux la supériorité qu'elle a acquise sur les autres parties du monde, c'est la configuration de ses côtes, profondément découpées par des mers qui pénètrent jusqu'au sein du continent à une grande profondeur. Ces golfes ou plutôt ces mers intérieures, tout en formant de vastes presqu'îles qu'elles semblent séparer, les rapprochent au contraire, en réalité, par les facilités qu'elles offrent aux communications. C'est ainsi qu'au moyen des ports, préparés par la nature ou creusés par le travail des hommes sur les rivages de tant de mers, et aussi, à l'aide des fleuves considérables qui s'y jettent de tous côtés, une prodigieuse activité commerciale règne sur tous les rivages, et fait sentir aux diverses contrées de l'Europe son action féconde et civilisatrice.

§ II. — MERS, GOLFES ET DÉTROITS.

3. DIVISION. — L'EUROPE est baignée par quatre mers principales, lesquelles en forment 13 secondaires, qui projettent bien avant dans les terres 28 golfes remarquables, et sont unies entre elles par 22 détroits principaux : nous nommerons les uns et les autres en faisant rapidement la circumnavigation des côtes de l'Europe, à partir de l'embouchure du petit fleuve Kara dans l'océan Glacial Arctique, l'une des trois grandes mers qui forment toutes celles qui baignent l'Europe.

Les quatre mers principales sont : l'OCÉAN GLACIAL ARCTIQUE, l'OCÉAN ATLANTIQUE, la MER MÉDITERRANÉE et la MER CASPIENNE.

4. **Océan Glacial Arctique.** — L'océan Glacial Arctique ou Boréal forme la *mer de Kara* et le *détroit de Kara*, qui sépare la Nouvelle-Zemble de l'île de *Vaigatch*, séparée elle-même du continent par le détroit qui a pris son nom.

Ce même Océan forme ensuite, au N. de la Russie, les golfes de la *Petchora* et *Tcheskaia*; puis il s'enfonce profondément dans les terres pour y former la mer Blanche, dont les eaux gèlent souvent au mois de septembre pour ne dégeler qu'en juillet. Cette mer forme à son tour les golfes *Mézen*, *Dvina* et *Onéga*, au S. E., et *Kandalaskaia* à l'O. — Enfin, l'océan Glacial forme, entre les îles qui bordent les rivages du N. et du N. O. de l'Europe, de nombreux détroits, qu'il serait trop long de nommer ici, et parmi lesquels il suffit d'indiquer le *golfe Occidental*, qui s'enfonce entre la côte de la Norvége et le groupe des îles Loffoden (n° 9).

5. **Océan Atlantique.** — L'océan Atlantique baigne aussi cette même côte de la Norvége, qu'il découpe par une infinité de petits golfes nommés *fiords* dans le langage du pays ; puis il forme, un peu plus au S., la mer du Nord, nommée aussi, dans sa partie S. E., mer d'Allemagne, parce qu'elle baigne les côtes de ce pays. — Cette mer pénètre à l'E. dans le large *détroit du Skager-Rack*, auquel succède, mais dans une direction méridionale, celui du *Kattegat*, qui se subdivise bientôt en trois autres, savoir : le *Sund*, entre la péninsule Scandinave et l'île de Séeland, le *Grand-Belt*, entre les îles de Séeland et de Fionie, et le *Petit-Belt*, entre cette même île de Fionie et le continent.

Les détroits que nous venons de nommer donnent entrée à la mer Baltique, qui s'enfonce à une profondeur de 1,440 kilomètres dans le N. du continent européen, entre la Suède et la Russie, sous la dénomination de *golfe de Botnie*, puis va former à l'E. les trois *golfes* de *Danzig*, de *Livonie* ou de *Riga* et de *Finlande*. Le mouvement des marées est peu sensible et la salure des eaux peu considérable dans cette mer intérieure, où la navigation, rendue dangereuse par les bas-fonds et par l'irrégularité des vents et des courants, est ordinairement interrompue, de novembre en avril, par les glaces qui la couvrent presque dans toute son étendue.

La mer du Nord forme encore : — 1° sur sa côte méridionale le *golfe du Zuyder-Zée*, ancien lac *Flévo*, réuni à la mer, en 1282, par une inondation qui couvrit 600 kilomètres de pays ; et 2° sur sa côte occidentale, les golfes de *Murray* et de *Forth*, en Écosse, et ceux du *Wash* et de la *Tamise*, en Angleterre. Ensuite la mer du Nord se rétrécit pour aller rejoindre au S. O. l'océan Atlantique, par le *détroit du Pas-de-Calais*, large de 34 kilomètres, qui sépare la France de l'Angleterre, et par la *Manche*.

Un autre bras de ce même océan Atlantique, après avoir formé, sur la côte septentrionale de la Grande-Bretagne, la MER D'ÉCOSSE, pénètre entre cette île et celle d'Irlande sous le nom de *canal du Nord*, forme, en s'élargissant, la MER D'IRLANDE, et va ressortir au S. par le *canal Saint-Georges*, au S. E. duquel il forme encore le petit golfe improprement appelé *canal de Bristol*.

Plus au S. E., enfin, l'océan Atlantique s'enfonce entre les côtes de la France et de l'Espagne pour y former le large golfe que les Français appellent *golfe de Gascogne*, et les Espagnols *golfe de Biscaye*, du nom de celle de leurs provinces dont il baigne les côtes.

6. MER MÉDITERRANÉE. — La MER MÉDITERRANÉE, la troisième de celles qui baignent les côtes de l'Europe, après avoir pénétré par le *détroit de Gibraltar*, entre l'Espagne et l'Afrique, va former au N. E. le *golfe du Lion*, sur la côte méridionale de la France, et celui de *Gênes*, au N. O. de l'Italie; prend, sur la côte occidentale de cette même Italie, les noms de MER TYRRHÉNIENNE OU MER DE SICILE; sépare par le *détroit* ou les *Bouches-de-Bonifacio* les îles de Corse et de Sardaigne, et par le *phare de Messine* la Sicile de l'Italie; puis, après avoir formé au S. de cette péninsule le *golfe de Tarente*, elle s'enfonce par le *canal d'Otrante* à plus de 750 kilomètres dans l'intérieur des terres, sous le nom de MER ADRIATIQUE.

Cette dernière mer, plus salée que l'Océan, et que la violence de ses tempêtes, pendant la mauvaise saison, a fait appeler par les marins la *mer du Diable*, forme elle-même sur la côte orientale de l'Italie le *golfe de Manfredonia*, et plus au N. E. le *golfe de Venise*, nom appliqué souvent à cette mer tout entière, lorsque la puissante république de Venise dominait sur ses rivages, au N. E. desquels on remarque encore le *golfe de Trieste* et celui de *Quarnero*, perdu au milieu des innombrables détroits qui séparent les îles Illyriennes de la côte du pays dont elles ont pris le nom.

Au S. E. du canal d'Otrante, la Méditerranée baigne, sous le nom de MER IONIENNE, les côtes des îles Ioniennes et de la Grèce, dans l'intérieur de laquelle elle s'enfonce sous la dénomination de *golfes de Patras* et *de Lépante*.

Sur les rivages opposés de cette même Grèce, la Méditerranée, prenant au N. de l'île de Candie le nom de MER DE CANDIE, et plus au N. E. encore celui d'ARCHIPEL, qu'elle doit aux nombreuses îles dont elle est parsemée, forme entre le continent et l'île de Négrepont le détroit nommé *canal de Negrepont*, de *Talanta* et de *Trikeri*, et, plus au N. E., plusieurs golfes, dont le plus remarquable est celui de *Saloniki*. — L'Archipel, que les Turcs nomment la *mer Blanche* par opposition à la *mer Noire*, dont nous allons parler, ne communique avec cette dernière que par le *détroit des Dardanelles*, de 2 kilomètres seulement de largeur, par la MER DE MARMARA et par le *canal de Constantinople*, dont la moindre largeur ne dépasse guère 1 kilomètre.

C'est par cette étroite ouverture que s'écoulent les eaux surabondantes de la MER NOIRE, ainsi nommée, soit des rochers noirâtres qui bordent ses rivages ombragés aussi de sombres forêts, soit des brouillards épais et très-fréquents qui, joints aux tempêtes subites qui bouleversent, surtout en automne, ses eaux profondes mais peu salées, y rendent par moments la navigation fort dangereuse. — Cette mer forme, au N. O., les *golfes d'Odessa* et de *Pérékop*, et communique, au N. E. par le *détroit d'Iénikalé*, de *Taman* ou de *Kaffa*, avec l'immense marais nommé improprement MER D'AZOV ou d'*Azof*. — Celle-ci forme, à l'O. d'une longue péninsule appelée *flèche d'Arabat*, un grand golfe plus marécageux encore, auquel ses exhalaisons malsaines ont valu le nom de *mer Putride*. — La mer d'Azov se termine, au N. E., par le *golfe de Taganrok* ou d'*Azov*, qui, bien que situé à la même latitude que les provinces centrales de la France, se couvre souvent, en hiver, d'une glace assez épaisse pour que l'on y puisse faire la traversée d'Azov à Taganrok, quoique ces deux villes soient à plus de 30 kilomètres de distance.

7. MER CASPIENNE. — La MER CASPIENNE enfin, quoiqu'elle ne soit qu'un grand lac, mérite d'être nommée parmi les mers qui baignent les côtes de l'Europe, dont elle reçoit même le plus grand fleuve (*Voy*. le Volga, n° 31). Elle forme sur sa côte occidentale, qui seule appartient à l'Europe, les golfes de *Kalpitchia* et *Agrakhanskoi*.

§ III. — ILES PRINCIPALES.

8. DIVISION. — Dans les mers qui entourent l'Europe sont dispersées, comme on vient de le voir, des îles en assez grand nombre qui doivent, à cause de leur proximité, être

rattachées à ce continent. — Nous nous bornerons à indiquer ici la position des plus remarquables, renvoyant pour les détails à la description des États auxquels elles appartiennent. Nous les diviserons suivant les grandes mers où elles se trouvent situées.

9. Iles de l'océan Glacial Arctique. — Dans l'océan Boréal ou Glacial Arctique on trouve : — L'île *Vaigatch*; — au N. E., la Nouvelle-Zemble ou Novaia Zemlia, c'est-à-dire nouvelle terre, comme l'appellent les Russes, auxquels elle appartient. Cette terre, qui n'a pas moins de 900 kilomètres de longueur sur 300 de largeur, paraît divisée en deux grandes îles par un détroit auquel on a donné le nom du navigateur russe *Matotchkin*, qui en a découvert l'entrée occidentale; — l'île de *Kalgouev*, plus au S. O.

Le grand archipel glacé du Spitzberg, beaucoup plus au N. O. composé de plusieurs îles hérissées de rochers pointus et escarpés. Ces rochers leur firent donner par les Hollandais, qui le visitèrent à la fin du seizième siècle, le nom de Spitzberg (terre des pics).

La petite île de *Mageroë*, beaucoup plus au S., près de la côte de l'Europe, dont on a longtemps regardé comme le point le plus septentrional le *cap Nord*, situé dans cette île. — Enfin, le long archipel des îles Tromsen et Loffoden, sur la côte N. O. de la Norvége.

10. Iles de l'océan Atlantique. — Dans l'océan Atlantique, on remarque : — Le groupe des *îles Fœroë* ou *Færœer*, regardées comme les terres les plus reculées de l'Europe au N. O., depuis qu'on a reconnu que l'on devait considérer comme une dépendance de l'Amérique l'*Islande*, qui en est beaucoup plus rapprochée que de l'Europe.

L'archipel des iles Britanniques, composé de deux grandes îles, la *Grande-Bretagne* à l'E. et l'*Irlande* à l'O., et de plusieurs groupes et îles isolées (*Hebrides*, *Orcades* et *Shetland*) que nous ferons connaître en décrivant le puissant État dont elles font partie et qui étend aussi sa domination sur le petit groupe des *îles Normandes* (*Jersey*, *Guernesey* et *Aurigny*), voisines des côtes de France. Plus au S., le long des côtes de ce pays, on trouve encore quelques petites îles qui appartiennent à la France.

Quant aux îles Açores, que plusieurs géographes veulent rattacher à l'Europe parce qu'elles sont sous la même latitude que l'Espagne, comme elles sont de 120 kilomètres au moins plus éloignées des côtes de cette partie du monde que de celles de l'Afrique, nous continuerons de les rattacher à cette dernière.

Dans la MER DU NORD, on trouve sur la côte méridionale quelques îles appartenant aux Pays-Bas, et sur sa côte orientale celle d'*Helgoland* à l'Angleterre, et un assez grand nombre d'autres répandues le long des rivages du Jutland et de la Norvége.

Dans la MER BALTIQUE, on distingue : — Le petit *archipel Danois*, dont nous avons déjà indiqué les principales îles : *Sééland* et *Fionie* ou *Funen*, etc. (n° 3), en nommant les détroits qui les séparent entre elles et du continent; — *Rugen*, plus au S. E.; — *Bornholm*, plus au N. E.; — *OEland*, séparée du continent par le long *détroit de Kalmar*; — *Gottland*, au centre de la mer Baltique; — *OEsel* et *Dago*, à l'extrémité du golfe de Livonie; enfin les innombrables archipels de *Stockholm*, d'*Aland* et d'*Abo*, composés de myriades de petites îles, parmi lesquelles celles d'*Aland*, proprement dites, ont seules quelque importance.

11. ÎLES DE LA MÉDITERRANÉE. — La MER MÉDITERRANÉE renferme les plus importantes îles de l'Europe après les îles Britanniques; ce sont : — Les trois grandes îles de CORSE, de SARDAIGNE et de SICILE, situées dans la Méditerranée occidentale, où nous trouvons encore, mais plus à l'O., le groupe des ÎLES BALÉARES (*Majorque, Minorque, Iviça*, etc.). — A l'île de Sicile se rattachent, au N., celles de *Lipari*, et au S. O., celles de *Malte*, de *Pantellaria*, et même de *Linosa*, et de *Lampedusa*, qu'on a voulu quelquefois, mais à tort, considérer comme des dépendances de l'Afrique. — Les autres îles répandues sur les côtes de la France et de la péninsule italique ont peu d'importance, si nous exceptons peut-être l'île d'*Elbe*, jetée entre la Corse et la côte de l'Italie.

Dans la MÉDITERRANÉE ORIENTALE, une seule grande île, celle de CANDIE, appartient à l'Europe; mais, autour de la péninsule qui termine cette partie du monde au S. E., se trouvent répandues une multitude d'îles de toutes grandeurs, parmi lesquelles nous nous bornerons à citer :

Dans la MER ADRIATIQUE, les îles *Illyriennes*, qui couvrent toute la partie N. E. de ses rivages;

Dans la MER IONIENNE, les îles qui lui donnent ce nom et qui sont répandues tout le long de ses côtes orientales;

Dans l'ARCHIPEL, la grande île de NÉGREPONT; le nombreux groupe des CYCLADES, qu'un espace de mer un peu plus dégagé d'îles, et qui laisse à l'Europe celles de *Scarpanto* et de *Stampalia*, sépare de celles qui appartiennent à l'Asie; — enfin, celles de *Skiro*, de *Lemno* ou *Stalimène*, d'*Imbro*, de *Samotraki* et de *Tasso*, disséminées dans le N. de l'Archipel.

La *mer de Marmara*, la *mer Noire* et celle d'*Azov*, ne contiennent aucune île importante qui appartienne à l'Europe.

Quant à la MER CASPIENNE, on n'y pourrait citer que les innombrables, mais fort petits îlots qui obstruent les embouchures du Volga.

§ IV. — PRESQU'ILES ET ISTHMES.

12. DIVISIONS. — La portion continentale de l'Europe se compose d'un grand massif principal et de 7 presqu'îles, dont 4 grandes et 3 petites, placées, savoir : — Une grande et une petite, dans l'Europe septentrionale, trois grandes et une petite, composant à elles seules toute l'Europe méridionale ; enfin une petite dans le S. E. de l'Europe. — Les 2 isthmes remarquables de *Corinthe* et de *Pérekop* sont situés dans le midi de l'Europe.

13. PRESQU'ILES DU NORD. — Les PRESQU'ILES DU NORD sont : — 1° La grande PÉNINSULE SCANDINAVE, renfermant la *Suède* et la *Norwége* avec la *Laponie*. Séparée du reste de l'Europe par la mer Baltique, les détroits qui lui donnent entrée, et le golfe de Botnie, au S. et à l'E., elle est entourée par la mer du Nord, l'Océan Atlantique et l'océan Glacial Arctique à l'O. et au N. O., ce même océan Arctique et la mer Blanche au N. E. Elle tient au continent, entre cette dernière mer et le golfe de Bothnie, par un isthme de 340 kilomètres de largeur.

2° La petite péninsule du JUTLAND (ancienne *Chersonèse Cimbrique*), au S. de la précédente, entourée par la mer du Nord à l'O., le Skager-Rack au N. et le Kattégat avec le petit Belt à l'E.

13 bis. PRESQU'ILES ET ISTHMES DU SUD. — Les 3 grandes et la petite péninsules qui composent ensemble toute l'Europe méridionale sont : 1° la PÉNINSULE HISPANIQUE ou *Espagnole*, au S. O. Cette presqu'île, que l'on appelle même souvent d'une manière absolue la *Péninsule*, comprend l'*Espagne* et le *Portugal*. Elle est entourée par le golfe de Biscaye au N., l'océan Atlantique au N. O., à l'O. et au S. O., le détroit de Gibraltar au S., et la Méditerranée au S. E. et à l'E.; elle se rattache au continent par un isthme de 360 kilomètres, couvert tout entier par la chaîne des *Pyrénées*, que nous nommerons parmi les principales montagnes de l'Europe (n° 19).

2° La longue péninsule de l'ITALIE, au centre de l'Europe méridionale et entourée par la mer Thyrrénienne ou de Sicile et le Phare de Messine à l'O., la mer Ionienne au S., le canal d'Otrante et la mer Adriatique à l'E. Cette péninsule, qui a la forme d'une botte, dont on peut distinguer jusqu'à l'éperon, dans la petite presqu'île formée à l'E. par le golfe de Manfredonia, est partagée à son extrémité par le golfe de Tarente, en deux autres petites presqu'îles, dont l'une au S. E., celle d'*Otrante*, représente le talon de la botte, tandis que l'autre au S. O., nommée la *Calabre*, représente l'extrémité du pied.

3° La grande PÉNINSULE ORIENTALE, que nous appelons ainsi à cause de sa position à l'E. de l'Europe méridionale, mais à laquelle nous pourrions donner, du nom des peuples qui l'habitent, celui de *Turco-Grecque*. Entourée par la mer Adriatique, le canal d'Otrante et la mer Ionienne à l'O. et au S. O., l'Archipel, le détroit des Dardanelles, la mer de Marmara et le canal de Constantinople au S. E. et la mer Noire à l'E.; elle se rétrécit entre la mer Ionienne et le golfe de Saloniki, de manière à n'avoir plus que 230 kilomètres de largeur, et se trouve coupée, plus au S. encore, par le golfe de Lépante, qui vient en séparer une petite presqu'île que nous comptons parmi les 7 plus remarquables de l'Europe : c'est 4° celle de *Morée*, entourée par ce golfe au N., la mer Ionienne à l'O. et au S. O., et l'Archipel au S. E. et à l'E. Cette dernière presqu'île tient à la précédente par l'isthme célèbre de *Corinthe*, appelé aussi par les modernes *Hexamili*, (c'est-à-dire six milles), parce qu'une muraille longue de 6 milles (environ 8 kilomètres) avait été construite à l'endroit le plus resserré pour la défense de la Morée.

4. La petite péninsule du S. E. de l'Europe est la CRIMÉE (ancienne *Chersonèse Taurique*), située entre les côtes septentrionales de la mer Noire, le détroit d'Iénikalé et la mer d'Azov, et faisant partie de la Russie, à laquelle elle se rattache au N. O. par l'*isthme de Pérékop*, large de 6 kilomètres environ.

QUESTIONNAIRE. — § I. 1. Entre quels degrés de latitude et de longitude est située l'Europe? — Indiquez ses limites. — Quelle est son étendue dans les divers sens? — 2. Quel est le caractère le plus saillant du contour de l'Europe? — Quelle a été l'influence de cette configuration? — § II. 3. Combien compte-t-on en Europe de mers, de golfes et de détroits principaux? — 4-5-6-7. Quelles mers et quels golfes forment l'océan Glacial Arctique?... l'océan Atlantique?... la mer Baltique?.. la mer du Nord?.... la Méditerranée et ses grandes divisions?... la mer Noire? — Quel est le grand lac qui sépare l'Europe de l'Asie? § III. 8. Comment se divisent les îles de l'Europe? — 9-10-11. Quelles les se trouvent dans l'océan Boréal?... dans l'océan Atlantique?... la mer du Nord?... la mer Baltique?..., la mer Méditerranée?... la mer Adriatique?.. la mer de l'Archipel? — § IV. 12. Comment se divisent les presqu'îles et isthmes de l'Europe? — 13. Quelles sont les principales presqu'îles du Nord?—13 bis. Quelles sont celles de l'Europe méridionale?—Comment se subdivise la péninsule orientale?—Quels sont les principaux isthmes?

CHAPITRE DEUXIÈME.

MONTAGNES DE L'EUROPE.

SOMMAIRE.

§ I. 14. L'Europe est sillonnée par 9 chaînes de montagnes, 5 au centre, 4 dans les péninsules.

15. L'Oural sépare l'Europe de l'Asie à l'E.; il a 1,500 mètres de haut.

16. Le Caucase sépare l'Europe de l'Asie au S. E.; ses sommets les plus hauts sont : l'Elbourz et le Kasbeck.

17. Les monts Karpathes, au centre, se divisent en 3 chaînes; le plus haut sommet est le Lemnitz.

18. La grande chaîne des Alpes se divise en Alpes maritimes, Cottiennes, Grecques, Pennines, Helvétiques ou Lépontiennes, Bernoises, Rhétiques, Noriques, Carniques, Juliennes et Dinariques; on y rattache les Alpes Grisonnes et du Worarlberg, et les Alpes de la Souabe. Les principaux sommets sont : avec le mont Blanc, le mont Rose; la Jung-Frau, etc.

19. Les Pyrénées se divisent en Pyrénées proprement dites et monts Cantabriques en Espagne, dont le plus hauts sommets sont : le Néthou, le Cylindre, la Maladetta, le Posets, etc.

20. Les Alpes Scandinaves, dans la péninsule de ce nom, courent du N. E. au S. O.; leurs plus hauts sommets ont 2,500 mètres.

21. En Espagne, on distingue trois chaînes se dirigeant de l'E. à l'O., dont la Sierra Nevada est la plus haute, et les monts Ibériques, qui se dirigent du N. au S.

22. Les Apennins traversent toute l'Italie. Leur plus haut sommet est le mont Corno, au centre.

23. Le Balkan, en Turquie et en Grèce, a des sommets qui atteignent 3,000 mètres.

24. On trouve en Europe 6 volcans : le Vésuve, l'Etna, ceux des îles de Stromboli, Volcano, Volcanello et le Zarytcheff.

25. Les caps principaux sont : les caps Nord, Matapan, Clear, Land's end, Lizard, Skagen, de la Hague, Ortegal, Saint-Vincent, Trafalgar, Passaro, Leuca, etc.

§ II. 26. L'Europe est partagée par une ligne qui, des sources de la Petchora et de la Kama dans l'Oural, descend jusqu'au détroit de Gibraltar, en suivant les collines de la Russie et de la Pologne, les Karpathes, les monts de la Bohême, les Alpes, le Jura, les monts de la Côte-d'Or, les Cévennes, les Pyrénées, les monts Ibériques et les Alpuxarras.

27. La ligne de partage sépare les eaux de l'Europe, qui suivent deux pentes, l'une vers le N. O., l'autre vers le S. E. Elle se divise ainsi en deux versants, océanique et méditerranéen, subdivisés en bassins maritimes et fluviaux.

§ I. — CHAINES DE MONTAGNES. — CAPS.

14 DIVISION. — Les MONTAGNES de l'Europe, qu'on s'est vainement efforcé de rattacher à un même système, forment 9 chaînes principales, dont 5 sur le grand massif européen : l'*Oural*, le *Caucase*, les *Karpathes*, les *Alpes* et les *Pyrénées;* et 4 dans les péninsules qui s'y rattachent : les *Alpes scandinaves*, les *monts d'Espagne*, les *Apennins* et le *Balkan*.

Nous commencerons par examiner celles placées sur le grand massif, dont deux appartiennent en commun à l'Europe et à l'Asie.

15. MONTS OURALS. — SITUATION, DIRECTION. HAUTEUR. — 1° Les MONTS OURALS ou POYAS, forment au N. E. de l'Europe, comme l'indique leur double nom tartare et russe, une vaste *ceinture*, moins remarquable par sa hauteur moyenne, qui en général n'excède pas 1,500 mètres, que par sa longueur, qui n'a pas moins de 2,200 kilomètres, et par la richesse de ses mines d'or, de platine, d'argent, de cuivre, de plomb, de houille, de diamants et de pierres précieuses de toute espèce, de cristal de roche, de jaspe, de porphyre et de beaux marbres, de sel gemme, de salpêtre, de soufre, d'alun, etc.

16. CAUCASE. — SITUATION, DIRECTION, HAUTEUR. — 2° Le CAUCASE a 1,300 kilomètres de développement de l'O. à l'E., entre la mer Noire et la mer Caspienne. Nous nous bornerons à le nommer ici, parce que les principaux sommets de cette chaîne, peu riche en productions minérales, appartiennent à l'Asie; les points culminants sont : l'*Elbourz*, qui dépasse 5,600 mètres de hauteur, et le *Karbeck* (5,000).

17. KARPATHES. — SITUATION, DIRECTION, HAUTEUR. — 3° Les KARPATHES ou KRAPACKS, vers le centre de l'Europe, dont elles sont la chaîne la plus riche en produits minéralogiques. Elles se divisent en *Karpathes orientales*, *Karpathes centrales* et *Karpathes occidentales*. Ces dernières sont les plus importantes par leur hauteur qui, pendant près de 200 kilomèt., atteint souvent 2,500 mètres. Plusieurs sommets, dont le plus haut est le *Lemnitz* (2,701 mètres), à peu près au centre de la chaîne, s'élèvent au-dessous des limites des neiges perpétuelles. Cette chaîne se joint aux monts de la *Bohême* qui, sous le nom de *Riesen Giberge*, au N. E., *Erz Giberge*, au N. O., et *Bœhmerwald*, au S. O., enveloppent la Bohême et unissent par des contre-forts ces montagnes aux derniers rameaux des Alpes. Les *Karpathes centrales* sont bien moins considérables, mais les *Karpathes orientales* qui, courant du N. O. au S. E., vont finir sur le cours du Danube, se relèvent et égalent presque en hauteur la partie occidentale de la chaîne.

18. ALPES. — SITUATION, DIRECTION, SOMMETS PRINCIPAUX. — 4° LES ALPES sont une immense chaîne qui forme, au N. de l'Italie, une longue courbe dont le développement atteint 1,150 kilomètres. Ce rempart, qui sépare l'Italie du reste de l'Europe, se divise en 9 parties distinctes :

1° A l'O., les ALPES MARITIMES, qui partent des bords du golfe de Gênes, montent au N. jusqu'au mont *Viso* (3,930 m.), en décrivant un arc de cercle dont la convexité est tournée du côté de la France.

2° Les ALPES COTTIENNES, qui affectent à peu près la même forme et vont jusqu'au mont *Cenis* (3,490 m.). Le mont *Genèvre* (3,592 m.) est un de leurs sommets les plus élevés.

3° Les ALPES GRECQUES ou GRÉES, qui se dirigent du S. E. au N. O., et vont jusqu'au *mont Blanc* (4,810 m.), point culminant de la chaîne des Alpes, et l'une des plus hautes montagnes de l'Europe. Cette chaîne renferme le *petit Saint-Bernard*. Ces trois chaînes séparent la France de l'Italie ; la dernière n'est devenue française que depuis l'annexion de la Savoie en 1860.

4° Les ALPES PENNINES, qui se recourbent vers l'E. et vont jusqu'au mont *Rose* (4,636 m.); elles contiennent les sommets du *grand Saint-Bernard* (3,470 m.), du mont *Combin* (4,300 m.), du mont *Cervin* (4,522 m.), et forment le massif le plus élevé de toute la chaîne des Alpes.

5° Les ALPES HELVÉTIQUES ou LÉPONTIENNES, qui se dirigent vers le N. E., puis directement vers l'E., à partir du mont *Saint-Gothard* (3,300 m.), et vont jusqu'au mont *Bernardino;* elles comptent le *Simplon*, le mont *Griès* et le mont *Adule* parmi leurs sommets les plus remarquables. Cette chaîne se trouve en quelque sorte doublée par une seconde qui, plus au N., court dans le même sens qu'elle; c'est la chaîne des *Alpes Bernoises*, séparée de la précédente par la vallée du Rhône; elle renferme les monts *Jung-Frau* ou Jeune-Fille (4,180 m.), *Finster-aar-Horn* (4,400 m.), et *Furca*. Ce dernier voit naître le Rhône et rattache les Alpes Bernoises aux Alpes Helvétiques. Ces trois chaînes appartiennent à la Suisse; elles lui servent en certains points de limite avec l'Italie ; mais tandis que les contre-forts qui se dirigent en Italie sont rares et peu considérables, ceux, au contraire, qui se relient aux chaînes du côté de la Suisse sont nombreux et souvent inextricables.

6° Les ALPES RHÉTIQUES, qui commencent au mont Bernardino et vont à l'E. jusqu'au *Drey-Herren-Spitz*, pic des Trois-Seigneurs (3,150 m.). Cette chaîne, qui sert de limite entre la Suisse, puis le Tyrol et l'Italie, se maintient à une assez grande hauteur et possède quelques sommets élevés de 4,000 mètres.

7° Les ALPES NORIQUES, qui appartiennent plus particulièrement à l'Allemagne et finissent au mont *Elend*. Leur principal sommet est le *Gross-Glockner* (3,890 m.).

8° Les ALPES CARNIQUES, qui se détachent, comme les précédentes, du Drey-Herren-Spitz, et se dirigent vers le S., puis au S. E. elles séparent l'Italie de l'Allemagne, s'avancent jusqu'au mont *Terglou* (3,110 m.).

9° Les ALPES JULIENNES, depuis le mont Terglou jusqu'au mont *Kernicza*, se dirigent du N. O. au S. E., en longeant la mer Adriatique, achèvent la ceinture de l'Italie du côté de l'Illyrie et de la Croatie.

Parmi les nombreuses chaînes qui se détachent des Alpes, il faut citer les *Alpes Grisonnes* et du *Vorarlberg*, qui s'élèvent vers le N. O. et séparent les affluents du Rhin et du Danube ; elles continuent plus au N. sous le nom d'*Alpes de la Souabe*.
— Au S. se détache l'*Apennin*, qui court en Italie.

Il est inutile d'ajouter que tous les grands sommets des Alpes sont couverts de neiges éternelles, qui forment, dans quelques-unes des hautes vallées intermédiaires, de vastes glaciers, dont le plus remarquable, situé aux environs du mont Blanc, et connu sous le nom de *mer de Glace*, a plus de 20 kilomètres de longueur sur 8 de largeur.

1.5. PYRÉNÉES. — SITUATION, DIRECTION, SOMMETS PRINCIPAUX. — 5° Les PYRÉNÉES, qui tiennent le second rang parmi les chaînes de l'Europe par l'imposante immensité de leur masse et par la hauteur de leurs sommets couverts de neiges perpétuelles. Elles se divisent en deux chaînes : les *Pyrénées proprement dites*, qui séparent la France de l'Espagne, et barrent, sur une longueur de 380 kilom., l'isthme qui joint ces deux pays, et les monts *Cantabriques* ou *Pyrénées Asturiennes*, qui s'avancent le long de la côte N. de l'Espagne jusqu'à l'extrémité occidentale de la péninsule sur une longueur de 400 kilom. Cette dernière chaîne renferme un grand nombre de sommets peu connus, mais que la présence des neiges perpétuelles indique suffisamment comme fort élevés; la partie la plus explorée des Pyrénées est naturellement celle qui sépare la France de l'Espagne. Cette chaîne, qui présente au centre un massif dont la hauteur est en moyenne de 2,800 m., s'abaisse à l'E., mais surtout à l'O., où elle tombe à 600 m. en moyenne. Elle présente au centre un grand nombre de montagnes remarquables, entre lesquelles se distinguent le mont *Posets* (3,497 m.), le *Néthou* ou mont Maudit (3,480 m.), le *Canigou* (2,786 m.), le *Cylindre* (3,332 m.), le *Vignemale* (3,300 m.), le *Pic du Midi* (2,877 m.), etc. Cette chaîne, d'un accès beaucoup plus facile du côté de la France que du côté de l'Espagne, renferme des mines de fer, du cuivre, de plomb, etc., des carrières de marbres précieux et de nombreuses sources d'eaux thermales.

20. ALPES SCANDINAVES. — SITUATION, DIRECTION, HAUTEUR. — 1° Les ALPES SCANDINAVES, dans la péninsule du même nom, longue chaîne qui n'a pas moins de 1,700 kilom. de longueur depuis le cap appelé *Nord-Kin*, au N. E., jusqu'à celui de *Lindes-naes*, au S. O.; mais ses plus hauts sommets, quoique couverts de neiges éternelles, n'atteignent pas 2,500 mètres; elle renferme une petite quantité d'or, de l'argent et beaucoup de cuivre, de fer, de soufre, etc.

21. MONTS D'ESPAGNE. — SITUATION, DIRECTION, HAUTEUR. — 2° Les nombreuses chaînes qui parcourent en tous sens la péninsule Hispanique, et dont les plus remarquables, courant du N. E. au S. O., sont : 1° Les monts *Cantabriques*, qui forment à l'O. le prolongement de la grande chaîne des *Pyrénées*, commune à la France et à l'Espagne; 2° la longue chaîne *Ibérique*, qui forme, sous les divers noms de *Sierra Caballera*, de *Noncayo*, d'*Albaracin*, *Norena* et *Nevada*, la séparation des deux versants Océanique et Méditerranéen; 3° la chaîne *Carpetano-Vettonique*, qui, sous les noms de *Sierra de Guadarama* et de *Gata*, de *Méras* et *Estrella*, sépare les bassins du Douro et du Tage; 4° la chaîne des *Monts de Tolède* qui sépare les bassins du Tage et de la Guadiana; 5° la *Sierra Morena* ou des montagnes noires sépare les bassins de la Guadiana et du Guadalquivir. Enfin, plus au S., et liés avec la Morena par la *Sierra de Sagra*, on trouve les monts *Alpuxarras*, dont fait partie la *Sierra Nevada*, la plus élevée des nombreuses chaînes de la péninsule Hispanique, et dont le nom (qui signifie montagne neigeuse) atteste la présence des neiges perpétuelles sur ses plus hauts sommets, entre lesquels se distingue le *Cerro de Kulhacem* (3,555 m.). Cette chaîne sépare le bassin du Gua-

dalquivir de ceux de petits fleuves côtiers qui se rendent dans la Méditerranée.

22. APENNINS. — SITUATION, DIRECTION, HAUTEUR. — 3° Les APENNINS, qui traversent dans toute sa longueur la péninsule de l'Italie et ont environ 1,550 kilomètres de développement ; leur plus haute cime, le mont *Corno*, au centre, n'a que 2,902 mètres de hauteur ; mais ils sont riches en marbres précieux, parmi lesquels on distingue surtout ceux de *Carrare*.

23. BALKAN. — SITUATION, DIRECTION, HAUTEUR. — 4° Enfin, le BALKAN ou EMINÉH-DAGH (ancien mont Hæmus), dans la péninsule Orientale ou Turco-Grecque, qu'elle traverse de l'O. à l'E. Cette chaîne, qui renferme des sommets dont la hauteur dépasse 3,000 mètres, projette au S. un long rameau auquel se rattachent toutes les montagnes de la Grèce et qui va se terminer au S. par le cap *Matapan*.

24. VOLCANS. — On compte en Europe 6 VOLCANS, dont un seul situé sur le continent, qui est le *Vésuve*, près de la côte occidentale de l'Italie, dans le royaume de Naples. — Les 5 autres sont l'*Etna* ou mont *Gibel*, en Sicile, qui a 3,237 mètres de hauteur ; ceux des îles *Stromboli*, *Volcano* et *Volcanello*, dans les îles de Lipari, et le *Zarytcheff*, dans le N. de la Nouvelle-Zemble.

25. CAPS. — Outre les caps *Nord*, au N. de la Norvége, *Lindes-næs*, au S. O. de ce même pays, et *Matapan*, au S. de la Grèce, déjà nommés plus haut dans les limites de l'Europe, on en distingue encore en Europe 15 autres principaux, savoir : — Les caps *Kanin-noss* et *Sviatoï*, au N. de la Russie ; — *Clear*, au S. de l'Irlande ; — *Land's end* et *Lizard*, au S. O. de l'Angleterre ; *Skagen*, au N. du Jutland ; — *de la Hague*, au N. O. de la France ; — *Ortégal* et *Finistère*, au N. O. de l'Espagne ; — *Rocca*, à l'O., et *Saint-Vincent*, au S. O. du Portugal ; — *Trafalgar*, au S. O. de l'Espagne ; fameux par un combat naval entre les Français et les Anglais ; — *Passaro*, au S. de la Sicile ; — *Spartivento* et *Leuca*, au S. O. et au S. E. de l'Italie.

§ II. — PARTAGE DES EAUX.

26. LIGNE DE PARTAGE DES EAUX. — Si l'on tire sur une carte d'Europe une ligne diagonale dans le sens de la plus grande dimension de cette partie du monde, c'est-à-dire des bords du détroit de Gibraltar, au point de la chaîne de l'Oural où se trouvent les sources de la *Petchora*, fleuve qui se jette dans l'océan Boréal, et celles de la *Kama*, affluent du Volga, fleuve tributaire de la mer Caspienne, on remarquera qu'au N. O. de cette ligne se trouveront les embouchures et le cours presque entier de tous les fleuves qui se rendent dans les océans Boréal et Atlantique et dans les mers formées par eux, tandis qu'au S. E. de cette même ligne se trouveront les embouchures et le cours des fleuves qui s'écoulent dans la Méditerranée et dans les mers formées par elle, ainsi que dans cette autre petite Méditerranée appelée la mer Caspienne.

Cette ligne commence au cap Tarifa sur le détroit de Gibraltar, elle suit en Espagne la Sierra *Nevada*, puis les chaînes connues sous le nom général de monts *Ibériens*, c'est-à-dire les Sierras de *Sagra*, d'*Alcaraz*, de *Cuença*, d'*Albaracin*, de *Moncayo*, *Caballera*, d'*Occa* et *Reynosa*, pour se joindre à un rameau des *Pyrénées;* elle suit cette chaîne de l'O. à l'E. jusqu'au Pic de *Corlitte*, d'où se détache le rameau des *Corbières;* la ligne de partage se redresse alors vers le N. E. pour traverser la France le long des chaînes des *Cévennes*, des monts du *Vivarais*, du *Lyonnais*, du *Charollais*, de la *Côte-d'Or*, traverser le *plateau de Langres*, puis se recourber par les monts *Faucille* pour se lier au *Jura* et ensuite aux *Alpes*; elle suit les Alpes *Pennines*, *Helvétiques*, *Lépontiennes* et *Grisonnes*, en Suisse; les Alpes de la *Souabe*, en Allemagne, qui vont se joindre aux monts de la *Bohême*, que la ligne de partage suit du N. O. au S. E. pour se relever en sens inverse le long des monts de *Moravie*, suivre ensuite les monts *Sudètes*, qui unissent ceux-ci aux *Karpathes*. A partir du milieu de cette chaîne au mont *Slowzek*, la ligne de partage, après avoir parcouru un contre-fort tortueux qui va se perdre dans les plaines, se continue sur les plateaux élevés et souvent marécageux de la Pologne, qui déversent leurs eaux au N. dans les bassins de la Vistule, le Niémen ou la Duna, ou au S. dans ceux du Dniepr ou du Dniestr. Quelques collines se dessinent entre les bassins de la Duna et du Dniepr, puis entre ceux du Volga et des grands lacs du N. de la Russie; enfin les monts *Chemonski*, qui atteignent environ 300 m. de hauteur moyenne, conduisent la ligne de partage jusqu'aux monts Ourals, dont ils forment un contre-fort, et qu'ils touchent entre les sources de la Petchora et de la Kama. La chaîne de l'Oural va enfin terminer la ligne du partage au cap Waïgatch, sur la mer Glaciale.

27. VERSANTS. — Ainsi qu'on peut s'en convaincre en suivant sur une carte la ligne de partage des eaux que nous venons de décrire, l'Europe peut être considérée comme divisée en deux grandes pentes ou deux grands VERSANTS, séparés par une ligne irrégulière qui partage obliquement, du détroit de Gibraltar aux monts Ourals, toutes les eaux qui l'arrosent; versants dont l'un, incliné au N. O. vers les deux océans Boréal et Atlantique, peut être appelé *Versant océanique*, tandis que l'autre, incliné au S. E. vers les deux mers Méditerranées, devra être nommé *Versant méditerranéen*. — Chacun de ces versants se subdivise en autant de *bassins maritimes* qu'il contient de mers différentes. Nous ferons connaître, dans le chapitre suivant, les bassins maritimes et les bassins fluviaux qui y sont répartis.

QUESTIONNAIRE — § I. 14. Combien compte-t-on de chaînes de montagnes remarquables en Europe? — 15-16. Faites connaître les monts Ourals et Caucase. — 17. Comment se divisent les Karpathes? — 18. Quelle est la plus importante de toutes les chaînes de l'Europe? — Comment se nomment les diverses parties des Alpes, et quelle est leur direction? — Quels en sont les principaux sommets? — Quelles branches s'y rattachent? — 19. Faites connaître les Pyrénées. — Où sont-elles situées? — Comment se divisent-elles? — Quels sont les principaux sommets? — 20. Faites connaître les Alpes Scandinaves. — 21. Expliquez rapidement le système des principales montagnes de l'Espagne. — 22. Où sont situés les Apennins? — 23. Qu'est-ce que le Balkan? — Faites connaître les principaux sommets de ces chaînes. — Quels sont les produits minéraux que l'on tire des montagnes de l'Europe? — 24. Combien y a-t-il de volcans en Europe? — Quels sont-ils et où sont-ils situés? — 25. Quels sont les principaux caps de l'Europe? — Où sont-ils situés? — Combien en comptez-vous de remarquables? — § II 26. Quelle direction suit la ligne de partage des eaux de l'Europe? — A quels points commence-t-elle et où aboutit-elle? — Nommez les chaînes de montagnes et de collines, ou les plateaux que suit cette ligne à travers l'Europe. — 27. En combien de versants se divise l'Europe? — Quels sont-ils?

CHAPITRE TROISIÈME.

DIVISION DE L'EUROPE EN GRANDS BASSINS. — FLEUVES ET LACS.

SOMMAIRE.

28. Le versant océanique se divise en 6 bassins maritimes : 1º de l'océan Glacial; 2º de la mer Blanche; 3º de la mer Baltique; 4º de la mer du Nord; 5º de la Manche; 6º de l'Atlantique. — Le versant médi-

terranéen forme 5 bassins maritimes : 1º de la Méditerranée proprement dite; 2º de l'Adriatique; 3º de l'Archipel; 4º de la mer Noire; 5º de la mer d'Azof.

29. Les 20 fleuves du versant océanique se répartissent de la manière suivante : le Kara et la Petchora se jettent dans l'océan Glacial; la Dvina, dans la mer Blauche; le Glommen, la Tornéa, la Neva, la Duna, le Niemen, la Vistule et l'Oder dans la Baltique; l'Elbe, le Rhin, la Meuse, la Tamise dans la mer du Nord; la Seine dans la Manche; la Loire, la Gironde, le Douro, le Tage, la Guadiana, le Guadalquivir dans l'océan Atlantique.

30. Au versant méditerranéen appartiennent l'Èbre, le Rhône, le Tibre, coulant dans la Méditerranée; le Pô, dans l'Adriatique; la Maritza, dans la mer de l'Archipel; le Danube, le Dniestr, le Dniepr, dans la mer Noire; le Don, dans la mer d'Azof.

31. La mer Caspienne forme un bassin particulier, et reçoit le Volga, grossi de la Kama et le fleuve Oural ou Jaick.

32. Les principaux lacs de l'Europe sont ceux de Vener, Vetter, Mælar, Onéga, Ladoga, Peipous, Ilmen, Balaton, Constance, Zurich, Lucerne, Neuchâtel, Geneve, Majeur, Côme, Iseo, Garda, Pérouse, Bolsena.

28. Division de l'Europe en grands bassins. — Chacun des deux versants qui se partagent l'Europe se divise en un certain nombre de bassins, suivant les mers auxquelles se rendent les eaux qui en arrosent les diverses contrées.

Le versant océanique se divise en six bassins maritimes, qui sont : ceux 1º de l'Océan *Glacial Arctique;* 2º de la *mer Blanche;* 3º de la *mer Baltique;* 4º de la *mer du Nord;* 5º de la *Manche,* et 6º de *l'océan Atlantique.*

Le versant méditerranéen se partage en cinq bassins maritimes qui sont ceux : 1º de la *Méditerranée* proprement dite; 2º de la *mer Adriatique;* 3º de l'*Archipel;* 4º de la *mer Noire,* et 5º de la *mer d'Azof.*

29. Principaux fleuves et cours d'eau, importance commerciale (versant océanique). — Les principaux fleuves du versant océanique au nombre de 20, se répartissent de la manière suivante entre les 6 bassins de ce versant :

2 appartiennent au Bassin de l'Océan Boréal ou Glacial Arctique; ce sont : le *Kara,* qui tombe dans la mer de son nom, et qui n'est remarquable que parce qu'il forme une partie de la limite de l'Europe; la *Petchora,* qui sort aussi des monts Ourals, arrose le N. E. de la Russie et se jette dans l'océan Boréal.

1 appartenant au Bassin de la mer Blanche, c'est la *Dvina septentrionale,* sortie d'une chaîne de collines peu élevées, qui sépare les deux versants océanique et méditerranéen; elle arrose aussi le N. E. de la Russie.

7 appartenant au Bassin de la mer Baltique; savoir : la

Glommen, qui tombe dans le Skager-Rack, après avoir traversé l'E. de la Norvége, et qui, descendu des Alpes Scandinaves, est le plus considérable des fleuves de la presqu'île, quoiqu'il n'ait guère plus de 500 kilomètres de cours ; — la *Tornéa*, le plus remarquable des fleuves qui tombent dans le golfe de Botnie, à son extrémité septentrionale, après avoir traversé une contrée tellement froide, que ses eaux gèlent quelquefois à 6 mètres d'épaisseur ; — la *Néva*, remarquable non par la longueur de son cours, qui n'a que 62 kilomètres, mais parce que, après avoir traversé la capitale de la Russie, elle apporte au golfe de Finlande les eaux des plus grands lacs de l'Europe ; l'embouchure de cette rivière est animée par un commerce assez actif alimenté par les produits de la Russie qui affluent à Saint-Pétersbourg ; ces produits, qui sont surtout les grains, le chanvre, le suif et quelques minerais, viennent s'échanger contre les articles confectionnés de l'Angleterre et de la France. Le port de Kronstadt est le rendez-vous des navires marchands sur ces côtes, où le commerce est entravé par les glaces dont la mer Baltique est couverte d'octobre en avril ; — la *Dvina méridionale* ou *Duna*, qui tombe dans le golfe de Livonie, et le *Niémen*, qui se perd dans la lagune du *Kurische-haff*, après avoir arrosé l'une et l'autre la Russie occidentale ; — la *Vistule*, qui tombe par plusieurs embouchures dans le golfe de Danzig, auquel elle apporte une partie des eaux des monts Karpathes, dans lesquelles elle prend naissance, et de celles de la Pologne et de la Prusse orientale ; cette rivière, qui possède sur un de ses bras et sur l'une de ses embouchures le port considérable de Danzig, a une grande importance commerciale, parce qu'elle transporte les produits du centre de la Prusse et de la Pologne ; — enfin, l'*Oder*, sorti des mêmes montagnes, et qui tombe dans la Baltique, après avoir traversé toute la Prusse.

3 appartenant au BASSIN DE LA MER DU NORD, savoir, sur le continent : — l'*Elbe*, qui sort des monts *Riesen*, branche occidentale des Karpathes, et arrose toute l'Allemagne centrale, pour laquelle elle forme une voie importante de communication et de commerce, rendue plus active chaque jour par la présence du port de Hambourg ; — le *Rhin*, qui descend des hautes chaînes des Alpes. Ce dernier tient le cinquième rang entre les fleuves de l'Europe par son cours de 1,330 kilomètres environ à travers la Suisse, la France, l'Allemagne et les Pays-Bas ; il se rend dans la mer du Nord par plusieurs bras, savoir : l'*Yssel*, qui tombe dans le Zuider-Zée, le *Vieux-Rhin*, qui parvient jusqu'à la mer, le *Leck* et le *Wahal*, qui s'unissent

au petit fleuve français de la *Meuse*. Ce fleuve, dont les branches et les embouchures sillonnent en tous sens la Hollande, est le théâtre d'un commerce actif concentré en partie du côté de la mer dans les grandes villes de Amsterdam et Rotterdam, ainsi que dans un grand nombre de ports moins importants; ce commerce alimente aussi du côté de la terre un grand nombre de villes importantes situées tout le long des rives du Rhin, qui parcourt la partie la plus peuplée et la plus industrielle de l'Europe. — Le troisième des fleuves importants que reçoit la mer du Nord appartient à l'île de la Grande-Bretagne ; c'est la *Tamise*, moins remarquable par la longueur de son cours, qui n'a pas plus de 400 kilomètres, que par le nombre immense des vaisseaux qu'elle conduit au port de Londres.

1 appartenant au BASSIN DE LA MANCHE, c'est la *Seine*, qui passe à Paris et dont nous parlerons plus en détail, ainsi que des deux suivants, en décrivant la France. (Voir cours de Rhétorique.)

Enfin, 6 appartenant au BASSIN DE L'OCÉAN ATLANTIQUE, savoir : — la *Loire*, prenant sa source dans les Cévennes; le commerce actif de la France ne peut se servir utilement du cours de cette rivière, souvent ensablée, et sur laquelle s'élève cependant la cité commerçante de Nantes; — la *Gironde*, qui passe à Bordeaux, ville importante de commerce avec l'Amérique et les Indes, est formée de la réunion de la *Garonne*, venue des Pyrénées, et de la *Dordogne*, qui prend sa source au mont Dore ; elles arrosent le centre et le S. O. de la France ; — le *Douro*, le *Tage* et la *Guadiana*, qui arrosent le centre et l'O. de l'Espagne et le Portugal; — et le *Guadalquivir*, qui traverse le S. de l'Espagne.

50. FLEUVES DU VERSANT MÉDITERRANÉEN. — Les fleuves les plus remarquables du versant méditerranéen, au nombre de 11, sont :

3 appartenant au BASSIN DE LA MÉDITERRANÉE OCCIDENTALE, savoir : — l'*Ebre*, fleuve de la péninsule Hispanique, qui sort des montagnes formant la continuation occidentale des Pyrénées, et qui arrose tout le N. E. de l'Espagne; — le *Rhône*, qui descend des hautes montagnes des Alpes, traverse, dans son cours rapide, la Suisse et le S. E. de la France, et se divise en plusieurs bras avant de tomber dans la Méditerranée : ce fleuve serait une des importantes voies commerciales de la France, si l'irrégularité du volume de ses eaux n'était souvent un obstacle à la navigation; — le *Tibre*, que son ancienne célébrité ne

permet pas de passer sous silence, quoiqu'il ait à peine 360 kilomètres de cours, depuis sa source, dans le N. des Apennins, jusqu'à son embouchure dans la mer Tyrrhénienne.

1 appartenant au Bassin de l'Adriatique, c'est le *Pô*, le plus grand des fleuves de la péninsule Italique, dont il traverse tout le N., depuis les montagnes occidentales des Alpes, jusqu'au golfe de Venise, où il a ses embouchures.

1 appartenant au Bassin de l'Archipel, c'est la *Maritza* (ancien *Hèbre*), descendue des monts Balkans, et qui ne mérite d'être nommée que comme le plus considérable des fleuves de la péninsule Turco-Grecque.

3 appartenant au Bassin de la mer Noire, savoir : — le *Danube*, le second des fleuves de l'Europe par la longueur de son cours, qui n'a pas moins de 3,000 kilomètres, depuis les montagnes de la forêt Noire, où il prend sa source, et qui se grossit d'une foule de rivières importantes en traversant de l'O. à l'E. toute l'Allemagne, l'empire d'Autriche et le N. de la Turquie; ce fleuve, qui porte à la mer les eaux de la plus grande partie des provinces de l'empire d'Autriche et de la Turquie, pourrait être le théâtre d'un actif commerce, mais les entraves apportées à la navigation jusqu'en 1856, époque où le traité de Paris a déclaré la liberté du commerce sur ce fleuve, ont empêché jusqu'à ce jour le développement d'un transit qui devrait être considérable; — le *Dniestr*, descendu des pentes orientales des monts Karpathes, et qui arrose le S. O. de la Russie; — enfin le *Dniepr* (ancien *Borysthène*), qui sort de forêts marécageuses, au milieu desquelles se perd la limite qui sépare les versants Océanique et Méditerranéen, et arrose aussi le S. de la Russie.

1 appartenant au Bassin de la mer d'Azov, c'est le *Don* (ancien *Tanaïs*), qui sort des collines peu élevées dans le centre de la Russie, dont il arrose les parties méridionales, dans un cours de 1,420 kilomètres, qui lui assigne le quatrième rang entre les fleuves de l'Europe.

51. Le bassin de la mer Caspienne, qui forme un bassin séparé des autres bassins maritimes de l'Europe, reçoit deux fleuves, ce sont : — le *Volga*, le plus considérable des fleuves de l'Europe par la longueur de son cours, qu'on peut estimer à 3,930 kilomètres; il sort du petit lac *Voronov*, voisin de la limite des deux versants, et reçoit une foule de rivières, parmi lesquelles nous citerons la *Kama*, dont le cours, de 1,550 kilomètres au moins, dépasse ainsi de beaucoup en longueur celui du Rhin; — l'*Oural* ou *Jaïk*, qui sort des pentes S. E. des monts Ourals et contribue à former la limite orien-

tale de l'Europe dans une partie de son cours, estimé en totalité à plus de 2,000 kilomètres.

32. GRANDS LACS. — Les principaux LACS de l'Europe, au nombre de 19, sont : — En Suède, les lacs *Vener*, *Vetter* et *Mœlar*. — En Russie, les lacs *Onéga*, *Ladoga*, *Peipous* et *Ilmen*. — En Hongrie, le lac *Balaton*. — Entre le grand-duché de Bade, le Wurtemberg et la Suisse, celui de *Constance*. — En Suisse, ceux de *Zurich*, de *Lucerne*, de *Neuchâtel* et de *Genève*, appelé aussi lac *Léman*; ce dernier touche à la France depuis l'annexion de la Savoie. — En Lombardie, les lacs *Majeur*, de *Côme*, d'*Iseo* et de *Garda*; ce dernier, le plus grand de l'Italie, est sujet à des tempêtes qui souvent sont fatales aux barques qui le traversent. — Dans les États de l'Église : le lac de *Pérouse* (ancien lac de *Trasimène*), à quelque distance de la ville dont il porte le nom, et celui de *Bolsena*, près de la ville de ce nom.

QUESTIONNAIRE. — 28. Comment se divisent les versants de l'Europe? — Combien chacun d'eux forme-t-il de bassins maritimes et quels sont-ils? — 29. Combien de fleuves se jettent dans le versant océanique? — Dites, en indiquant les sources, la longueur et l'importance commerciale des principaux fleuves, ceux qui se jettent dans l'océan Boréal... la mer Blanche... la mer Baltique .. la mer du Nord... la Manche, l'océan Atlantique. — 30. Combien comptez-vous de fleuves remarquables dans le versant méditerranéen? — Désignez, avec l'indication des sources et de la longueur, les fleuves qui se jettent dans la Méditerranée occidentale... l'Adriatique... la mer de l'Archipel... la mer Noire... la mer d'Azof. — 31. Quels sont les fleuves qui appartiennent au bassin de la mer Caspienne? — 32. Combien comptez-vous de lacs principaux en Europe? — Quels sont leurs noms et leur situation?

CHAPITRE QUATRIÈME.

POPULATION. — RACES. — RELIGIONS. — COMMUNICATIONS. CLIMAT. — PRODUCTIONS.

SOMMAIRE.

33. La population de l'Europe, la plus peuplée de toutes les parties du monde eu égard à son étendue, est d'environ 260 millions d'habitants. Les États les plus peuplés sont : la Russie, qui a 60 millions d'habitants, puis la France, l'Autriche, l'Angleterre, la Confédération germanique, la Prusse, l'Espagne, etc.

34. Les Européens appartiennent généralement à la race blanche; 6 à 7 millions appartiennent à la race jaune. Les Européens sont catho-

liques romains en majorité (154 millions environ); ensuite viennent les Grecs schismatiques, puis les diverses sectes protestantes, parmi lesquelles dominent les luthériens, enfin les mahométans, les juifs et encore quelques païens.

35. Les trois principales familles de nations, d'après les langues diverses, sont : la famille *slave*, la plus nombreuse; et les familles *latine* et *germaine* en nombre égal. Viennent ensuite les familles *celtique*, *kymrique*, *basque*, *grecque*, *turque*, *juive*, *bohémienne*.

36. Les grandes voies de communication internationales sont rares dans le N. et l'E. de l'Europe; l'établissement de nombreux chemins de fer en Allemagne, ainsi que la navigation des grands fleuves et de leurs affluents canalisés, y a établi de nombreuses relations qui se continuent avec la Belgique et la Hollande au moyen des chemins de fer et des canaux dont ces pays sont sillonnés. Le midi de l'Europe possède peu de lignes de communication, l'Espagne et l'Italie travaillent à leurs chemins de fer, la Turquie ne possède que le Danube pour ligne de communication. L'Angleterre, qui dessert le monde entier par ses services maritimes, est sillonnée en tous sens par les voies de communications rapides.

37. L'Europe possède presque partout, excepté vers le N. E., un climat tempéré favorable à la culture; elle est la plus petite partie du monde, mais aussi la plus heureusement située et la plus riche; sa température est généralement temperée, sauf celle des régions les plus septentrionales; elle produit toutes les céréales, la vigne, l'olivier, le figuier, le mûrier, des bois de toutes sortes dans ses forêts, les animaux domestiques les plus utiles, le gibier, les fourrures; les animaux nuisibles y sont en petit nombre; la houille et le fer, sources des plus grandes richesses, y abondent; on y trouve les autres métaux et minéraux précieux.

33. POPULATION. — L'Europe, qui est la plus peuplée de toutes celles des parties du monde, eu égard à son étendue, renferme près de 272 millions d'habitants, divisés en plusieurs grandes nations. La Russie compte 62 millions d'habitants, la France 37 millions, l'Autriche 35 millions environ, la Grande-Bretagne 29 millions, la Confédération germanique, la Prusse, chacune 17 millions, l'Espagne 16 millions, la Turquie 15 millions, les États-Sardes 11 millions, les Deux-Siciles 9 millions; tous les autres États de l'Europe ont moins de 5 millions d'habitants, et quelques petits États allemands n'atteignent pas 100 mille.

54. **RACES ET RELIGIONS.** — Les habitants de l'Europe appartiennent presque en totalité à la race *blanche* ou *caucasienne*. Cependant les habitants des parties les plus septentrionales, tels que les *Lapons*, les *Samoyèdes* et quelques tribus de la Russie orientale, en tout au nombre d'un million environ, appartiennent à la race *jaune*, à laquelle doivent aussi en partie leur origine les nations mélangées des *Finlandais*, des *Lithuaniens*, etc., dans la Russie septentrionale, et celle des

RELIGIONS. — LANGUES PRINCIPALES.   25

Madgyares ou *Hongrois*, formant ensemble 6 millions et demi d'individus.

Indépendamment des races auxquelles ils appartiennent, les habitants de l'Europe sont répartis entre les diverses religions qui sont professées dans cette partie du monde, à peu près de la manière suivante :

RELIGIONS.	NOMBRE de sectateurs.	PAYS QU'ILS HABITENT.
Catholiques.	154,000,000	France, Espagne, Italie, Irlande, Belgique, Autriche, Allemagne, Pologne, Suisse.
Grecs unis.	2,400,000	Autriche, Grèce, Russie.
Grecs schismatiques	58,000,000	Russie, Turquie, Grèce, îles Ioniennes, Autriche.
Anglicans.	15,500,000	Angleterre et Irlande.
Luthériens.	16,500,000	Allemagne septentrionale, Danemark, Suède, Norvége, l'ouest de l'Empire russe, Turquie, Pays-Bas, France.
Calvinistes.	6,500,000	Pays-Bas, Autriche, Allemagne, Suisse, France, Turquie.
Nouvelle Église évangélique.	10,500,000	Prusse, Allemagne centrale.
Presbytériens.	2,600,000	Ecosse et Angleterre.
Sectes diverses.	700,000	Pays-Bas, Allemagne, Autriche, Prusse, Angleterre, etc.
Mahométans.	5,300,000	Empire ottoman, Russie méridionale.
Juifs.	2,700,000	Empire russe, Allemagne, Turquie, Pays-Bas.
Païens.	50,000	Quelques provinces de la Russie.
	275,750,000	

55. Langues principales. — Les peuples européens appartenant à la race blanche peuvent être distingués d'après les LANGUES qu'ils parlent, en un assez grand nombre de familles, parmi lesquelles 3 se signalent par leur importance, et comprennent à elles seules plus des sept huitièmes de la population européenne ; ce sont :

1°. La famille LATINE, qui compte 75 millions d'âmes, et comprend les Français, une partie des Belges, les Espagnols, les Portugais et les Italiens.

2°. La famille TEUTONIQUE ou GERMAINE, qui compte 69 millions d'âmes, et comprend les Allemands, les Alsaciens, la plus grande partie des Belges, les Hollandais, les Danois, les Suédois, les Norvégiens et les Anglais.

3°. La famille SLAVE, la plus nombreuse de toutes, puisqu'elle compte près de 83 millions d'âmes; elle comprend l'immense majorité des habitants de la Russie, de la Pologne, de la Prusse orientale, les Bohémiens, les Moraves, les Esclavons, les Styriens, les Croates, les Dalmates, les Illyriens, etc., dans l'empire d'Autriche, et les habitants des provinces septentrionales de l'empire Ottoman.

A ces trois grandes familles il faut ajouter : — la famille CELTIQUE, composée d'environ 12 millions d'âmes, habitant l'Irlande et l'Ecosse ; — la famille KYMRIQUE, qui compte environ 2 millions d'âmes, dans les provinces anglaises de Galles et de Cornouailles et dans les départements français formés de l'ancienne Basse-Bretagne ; — la famille BASQUE, composée de 6 à 700 mille montagnards, répartis sur les deux versants français et espagnol de la partie occidentale des Pyrénées ; — la famille *grecque*, qui peuple, au nombre de plus de 3 millions, la Grèce, les îles Ioniennes et une partie des provinces méridionales de l'empire Ottoman ; — la famille asiatique des TURCS, répandue, au nombre de 3 millions, dans toutes les provinces de ce même empire. — Nommons encore deux autres races asiatiques : — les ISRAÉLITES ou JUIFS, dispersés, au nombre de 2 millions et demi, dans toute l'Europe, et les ZIGUEUNES ou BOHÉMIENS, race errante et misérable, qui compte environ 300 mille individus, et qui, originaire de l'Inde, à ce qu'on suppose, paraît avoir été amenée, par les grandes invasions asiatiques du treizième siècle, en Europe, où elle s'arrêta surtout dans la Bohême et dans les contrées voisines.

56. GRANDES VOIES DE COMMUNICATION INTERNATIONALES PAR CANAUX ET CHEMINS DE FER. — Les préoccupations des peuples européens ayant tendu, pendant fort longtemps, à créer des obstacles aux communications internationales, beaucoup plus qu'à les favoriser, les grandes voies qui unissent les peuples entre eux sont donc encore incomplètes.

La presqu'île Scandinave ne peut communiquer avec l'Europe que par mer, car le point où elle se rattache au continent est situé trop au Nord pour que les relations puissent s'établir et se maintenir dans un climat glacial et dans des pays presque inhabités. Le *canal de Gotha* unit les lacs Vener et Wetter et fait ainsi, par suite, communiquer le Kattegat avec la Baltique. Toutes les relations internationales de la Scandinavie ont lieu par mer ; elles sont surtout actives avec l'Angleterre, le Danemark, la Russie, l'Allemagne et la France.

La Russie, qui s'est longtemps fait un système de son isolement, commence à peine (1857) à établir les chemins de fer qui doivent l'unir par la Pologne et la Prusse au reste de l'Europe. Les canaux qui unissent le *Niémen au Pregel*, lequel se jette dans le Frische-Haff qui reçoit aussi les eaux d'un bras de la Vistule, ont mis cependant, depuis longtemps déjà, les provinces N. O. de l'empire en rapport avec la Haute-Allemagne. Le même réseau relie ainsi la *Duna au Niémen* et au *Dniepr*, et par suite à la mer Noire. Enfin les lacs voisins du golfe de Finlande sont mis en rapport avec le Volga et son immense bassin, qui aboutit à la mer Caspienne. Toutes les communications commerciales importantes de l'empire russe avec l'étranger ont lieu par mer au moyen des ports du golfe de Finlande, et de la Baltique au N. et au S. par la mer Noire.

Les grands fleuves de la Prusse et de l'Allemagne ont établi les communications les plus suivies entre le N. et le S.; les communications de l'E. à l'O. sont aujourd'hui assurées par un grand nombre de *chemins de fer* dont les principaux, rayonnant autour de Berlin, vont à Kœnigsberg au N. E.; — à Hambourg au N. O., pour de là pénétrer dans le Jutland; — à Hanovre à l'O.; — à Cassel au S. O., pour se relier aux chemins badois et français; — à Leipsik, pour se prolonger jusqu'à Munich au S.; — à Dresde au S. E., pour aller par un détour gagner Prague, et enfin Vienne; — enfin à Krakovie au S. E., laquelle est aussi reliée au N. E. avec Varsovie et au S. O. avec Vienne. Les chemins autrichiens s'élancent ensuite en Hongrie par la vallée du Danube, et en Italie par le passage du Semmering, dans les Alpes Noriques et Styriennes. Les divers affluents des grands fleuves de l'Allemagne sont reliés entre eux par des canaux qui étendent et facilitent les communications commerciales.

Sur la rive gauche du Rhin, les chemins de fer allemands rencontrent à Cologne, à Mayence et à Strasbourg les chemins qui se prolongent sur la Hollande, la Belgique et la France. Ces deux derniers pays surtout sont, dans tous les sens, couverts d'un réseau de chemins de fer qui mettent en communication toutes leurs parties entre elles et avec les bords de la mer du Nord, de la Manche, de l'océan Atlantique et de la Méditerranée. Par ces voies, l'Ouest de l'Europe communique rapidement avec le Nord et l'E. De même encore ces pays sont sillonnés par de nombreux canaux qui unissent entre eux les fleuves et rivières importantes qui les arrosent, et parmi lesquels il faut citer le *canal Louis* qui, par le Main, unit le Rhin au Danube, c'est-à-dire la mer du Nord à la mer Noire. La

Hollande surtout possède un système complet de canaux ; elle a pu, jusqu'à présent, sans préjudice, n'entrer que lentement dans le système des chemins de fer, que ses moyens actuels de communication remplacent presque partout.

Les canaux qui traversent la France font communiquer la Manche et l'Océan avec la Méditerranée; le plus remarquable est le *canal du Languedoc*, qui unit la Méditerranée au golfe de Gascogne par la Garonne.

Dans le midi de l'Europe, les grandes voies rapides de communications internationales sont à créer presque partout. — L'Espagne et le Portugal commencent à peine la construction de leurs réseaux. — L'Italie, plus avancée sous ce rapport dans sa partie septentrionale, qui est déjà sillonnée dans sa largeur par les lignes de fer piémontaises et celles de Milan à Venise, ne possède, au centre et au midi surtout, que des tronçons sans importance. — L'empire Turc, traversé au N. par le Danube, ne possède que ce fleuve et ses affluents comme moyen de communication, car aucun chemin de fer n'y existe encore, et les routes même y sont à créer dans la plupart des lieux.

L'Angleterre, bien qu'isolée du reste de l'Europe, sert cependant beaucoup au mouvement international par les nombreuses lignes de bateaux à vapeur qu'elle dirige sur tous les points importants du monde. Son sol, parcouru dans tous les sens par les canaux et les chemins de fer, reçoit et renvoie sans cesse une masse énorme de marchandises et de voyageurs vers tous les points du globe.

57. CLIMAT ET PRODUCTIONS DE L'EUROPE. — L'Europe, comprise presque tout entière, si l'on en excepte ses extrémités septentrionales, dans la zone tempérée, jouit généralement d'une température douce et salubre, qui favorise le développement de toutes les facultés de l'homme et la production de toutes les richesses agricoles. Remarquons cependant que les immenses plaines du N. E. ou de la Russie ne présentant aucun obstacle au vent froid qui souffle dans ces régions, éprouvent souvent des hivers rigoureux, comme l'indiquent les glaces dont se couvre la mer d'Azov, tandis que certaines portions des côtes de l'Espagne et de l'Italie, exposées à l'action des vents brûlants de l'Afrique, que la courte traversée de la Méditerranée n'a pu suffisamment rafraîchir, ressentent quelquefois des chaleurs étouffantes.

L'Europe produit en abondance toutes les choses nécessaires à la vie, et particulièrement, une quantité de céréales supérieure aux besoins de sa population ; mais le *riz* s'arrête au

47° degré de latitude, et le *maïs* au 50°; le *froment* cesse au 61° degré, le *seigle* au 64° et l'avoine vers le cercle polaire. Toutes les parties de l'Europe sont pourvues de fruits et de légumes. Parmi les arbres et les arbustes, il faut mettre au premier rang la *vigne*, qui prospère jusqu'au 45° degré, et même, en certains endroits, jusqu'au 50°; la *canne à sucre* et le *dattier* ne réussissent qu'aux extrémités méridionales de l'Europe: le *citronnier*, l'*oranger* et le *pistachier* s'arrêtent un peu au delà du 43° degré; l'*olivier* vers le 44°, le *figuier* et le *mûrier*, si précieux pour la nourriture du ver à soie, entre le 49° et le 50°.

Les forêts sont peuplées de nombreuses espèces de bois, parmi lesquels les *pins* et les *peupliers* croissent jusqu'au 60° degré, les *chênes* jusqu'au 62°, les *hêtres* et les *tilleuls* jusqu'au 63°, les *sapins* jusqu'au 67°; au delà, on ne trouve que des *bouleaux* et quelques arbustes dont l'espèce se rapetisse à mesure que l'on s'avance vers le N. Dans les contrées septentrionales, le cidre et la bière remplacent le vin.

L'Europe nourrit en immense quantité tous les animaux utiles: le *cheval*, le *bœuf*, la *vache*, le *chien*, le *porc*, les *bêtes à laine*, du *gibier* de toute espèce, *cerfs*, *daims*, *chevreuils*, *sangliers*, etc.; il faut y ajouter, dans le N., les *renards bleus* et quelques autres animaux à fourrures, l'*élan* et surtout le *renne*, l'un des animaux les plus précieux pour l'homme. Les animaux nuisibles sont en assez petit nombre; cependant les *ours* sont assez communs dans les montagnes, les *loups*, les *renards*, etc., dans les contrées boisées. Les oiseaux sont aussi fort nombreux en Europe, et les poissons de toute espèce abondent dans ses mers et dans ses rivières.

Le règne minéral, moins riche en Europe que dans d'autres parties du monde, y offre cependant une quantité notable d'*or*, de *platine*, d'*argent*, beaucoup de *cuivre*, d'*étain*, de *plomb*, de *fer*, etc.; des *diamants* et d'autres pierres précieuses, des *cristaux*, du *porphyre*, du *sel gemme*, et une immense quantité de *houille*. Ce dernier minéral, et le fer surtout, constituent pour l'Europe la source de ses richesses les plus considérables, richesses telles qu'elles surpassent celles de toutes les autres parties du monde prises ensemble.

QUESTIONNAIRE. — 33. Quelle est la population d'Europe? — Quels sont les pays les plus peuplés? — 34. A quelle race appartiennent la plupart des Européens? — Quelles races étrangères voit-on encore en Europe? — Faites connaître approximativement le nombre des sectateurs de chaque religion. — Quelle est celle qui est en majorité? — 35. Dites quelles sont les principales langues que l'on parle en Europe et les classifications qui en résultent. — 36. Quel est l'état des communications en Europe? — Quelles communications possèdent les peuples du Nord? — Faites connaître les principaux chemins de fer allemands et leurs relations avec les chemins français, belges et hollandais? — Comment sont établies les grandes communications en France? — Quel est l'état de ces moyens de transport en Espagne, en Italie et en Turquie? — Comment sont établies en Angleterre les communications générales? — 37. Quel est le climat de l'Europe? — Quelles sont les différentes productions animales, végétales et minérales?

SECONDE PARTIE.

DIVISIONS POLITIQUES DE L'EUROPE

(LA FRANCE EXCEPTÉE.)

CHAPITRE CINQUIÈME.

GRANDE-BRETAGNE (1).

DIVISIONS. — VILLES. — POPULATION. — GOUVERNEMENT. — COLONIES.

SOMMAIRE.

38. Les îles Britanniques sont situées au N. O. du continent européen; elles sont bornées par la mer du Nord, la Manche et l'océan Atlantique; leur superficie dépasse 310 mille kil. carrés; elles sont divisées en trois royaumes : l'Angleterre et l'Ecosse (Grande-Bretagne), et l'Irlande.

§ I. 39. L'Angleterre, séparée de l'Ecosse par le golfe du Solway, les monts Cheviot et la Tweed, est entourée par la mer du Nord, le Pas-de-Calais, la Manche, l'océan Atlantique, le canal Saint-Georges et la mer d'Irlande.

40. Le royaume est divisé en deux parties : l'Angleterre, subdivisée en 40 comtés, et le pays de Galles, subdivisé en 12 comtés. Le versant de la mer du Nord forme 23 comtés, dont les principales villes sont : Londres, capitale; Douvres, Cantorbéry, Oxford, York, Leeds, Sheffield, Newcastle, etc. — Celui de la mer d'Irlande et de l'Océan en forme 11, et le pays de Galles 12; leurs principales villes sont : Manchester, Liverpool, Preston, Birmingham, Bristol et Bath; Merthyr Tydwil et Milford : ces deux dernières dans le pays de Galles. — Celui de la Manche forme 6 comtés, dont les principales villes sont : Plymouth, Portsmouth et Southampton.

(1) Voir, dans l'atlas de M. Ansart, la carte des ILES BRITANNIQUES.

41. Les principales îles sont : Wight (Manche), les îles Anglo-Normandes et les Scilly (Atlantique), Anglesey et Man (mer d'Irlande).

§ II. 42. L'Écosse est bornée par la mer du Nord, par l'Angleterre et par l'Atlantique ; ses côtes sont profondément découpées.

43. Les îles qui s'y rattachent sont : Bute, Arran et les Western dans l'Atlantique ; les Orkney, et les Shetland entre cet océan et la mer du Nord.

44. L'Écosse, divisée en Écosse du Nord, du milieu et du Sud, se divise en 33 comtés ; 6 dans l'Écosse du Nord, 13 au milieu, 14 au Sud.

45. Les principales villes sont : Édimbourg, Glasgow, Dundee, Aberdeen, Greenock, Perth, Inverness, etc.

§ III. 46. L'Irlande est entourée par le canal du Nord, la mer d'Irlande, le canal Saint-Georges et l'Atlantique.

47. L'Irlande est divisée en 4 provinces : Ulster, Munster, Leinster et Connaught, qui se subdivisent en 32 comtés ; les principales villes sont : Dublin, Belfast, Limerik, Cork, Armagh, Galway, Meynooth et Waterford.

§ IV. 48. Le gouvernement est une monarchie représentative, héréditaire même pour les femmes, avec deux chambres, celle des lords ou des pairs, et celle des communes. L'Écosse a 16 pairs et 53 députés ; l'Irlande, 32 pairs et 105 députés. Le surplus appartient à l'Angleterre.

49. La population totale est d'environ 29 millions d'habitants, dont 19 millions pour l'Angleterre, descendant des Anglo-Saxons, des Celtes et des Northmans ; 3 millions environ pour l'Écosse, descendant des Pictes et des Scots (Calédoniens) ; 7 millions à peine pour l'Irlande.

50. La religion anglicane domine en Angleterre, où il y a environ 1 million de catholiques ; le presbytérianisme en Écosse ; la religion catholique en Irlande, où 800 mille anglicans ont presque tous des revenus ecclésiastiques.

51. Les colonies anglaises ont un territoire d'environ 13 millions de kil. carrés et 150 millions d'habitants. — Ce sont, en Europe : Helgoland, Gibraltar, Malte, et les îles Ioniennes ; — en Asie : Aden, la plus grande partie de l'Hindoustan, plusieurs contrées de l'Indo-Chine et Hong-Kong ; — en Afrique, des établissements à la Sénégambie, à la Guinée ; le Cap, Saint-Hélène, l'Ascension, Maurice, etc. ; — en Amérique : la Nouvelle-Bretagne, la Jamaïque, les Antilles anglaises, la Guyane anglaise ; — dans l'Océanie : les établissements de l'Australie et de la Tasmanie, la Nouvelle-Zélande, etc. ; ces possessions, dont les principaux ports sont, en Europe : Gibraltar et Malte, et dans les colonies : Aden, Bombay, Mazulipatam, Georgetown, Singapour, Hong-Kong, le Cap, Port-Natal, Sidney, Port-Essington, Port-Lincoln, etc., assurent aux Anglais, par leur heureuse situation, la possession de la mer et garantissent son commerce.

52. La puissance de l'Angleterre repose sur les qualités nationales de ses habitants autant que sur une armée qui compte 180 mille hommes en temps de paix, plus la milice, les cavaliers de la *yeomanry*, et les troupes des Indes. — La marine militaire compte 700 navires, parmi lesquels beaucoup de vapeurs et 100 vaisseaux de ligne. — Le revenu est de 1 milliard 660 millions. Ses richesses s'augmentent par l'agriculture, par ses mines de houille et ses manufactures innombrables de coton, de laine, de soie, de métaux, dont la production dépasse 3 milliards et demi. Sa marine marchande dépasse 38 mille bâtiments.

53. Parmi les nombreux canaux de l'Angleterre proprement dite, les plus importants sont celui de Grande-Jonction (de la mer du Nord à celle d'Irlande), le canal de Grande-Union (de la Tamise à l'Humber),

le Grand-Trunck (de la mer du Nord au canal de Bristol), etc. — L'Écosse possède ceux de Forth-et-Clyde, d'une mer à l'autre, et le canal Calédonien.

38. ILES BRITANNIQUES (NOTIONS GÉNÉRALES SUR LEUR SITUATION ET LEUR DIVISION.) — Les ILES BRITANNIQUES ou le *Royaume-Uni de Grande-Bretagne et d'Irlande* (*United kingdom of Great-Britain and Ireland*) (1), forment, au N. O. du continent européen, un vaste archipel, séparé de la France par la Manche et le Pas-de-Calais, enveloppé à l'E par la mer du Nord, et à l'O. par l'océan Atlantique, et compris entre les 49e et 61e degré de latitude N., et depuis 0 jusqu'au 13e degré de longitude O.

Cet archipel se compose de deux grandes îles, la *Grande-Bretagne* (*Great-Britain*), à l'E., et l'*Irlande* (*Ireland*), à l'O., séparées entre elles par le canal du Nord, la mer d'Irlande et le canal Saint-Georges, et d'un grand nombre de petites îles, les unes réunies en groupes, telles que les *Shetland* et les *Orkney* ou *Orcades*, au N. E. de la Grande-Bretagne, les *Western* ou *Hébrides*, au N. O. de cette même île, et les *Scilly* ou *Sorlingues*, au S. O.; les autres isolées, telles que *Man* et *Anglesey*, dans la mer d'Irlande, et *Wight*, dans la Manche. — Il faut encore y ajouter le petit groupe des îles *Anglo-Normandes*, situé plus près des côtes de France que de celles d'Angleterre.

La superficie de toutes ces îles réunies dépasse 310 mille kilomètres carrés; elles ne forment qu'une faible partie de l'immense empire Britannique, dont la puissance s'étend hors du continent européen sur les vastes territoires que nous indiquerons plus bas. (Voir n° 51.)

Les îles Britanniques sont partagées en trois royaumes, dont deux sont compris dans la *Grande-Bretagne*, savoir : les royaumes d'*Angleterre* au S. et d'*Ecosse* au N.; l'*Irlande* forme le troisième. Nous présenterons successivement la description physique, les divisions et les villes principales de chacun de ces trois royaumes, en suivant exactement l'ordre du programme; puis nous donnerons, toujours suivant le même ordre, les notions de géographie politique communes aux trois royaumes.

---

(1) Nous mettons ainsi en italique et entre parenthèses, à la suite du nom français, celui que les habitants du pays lui donnent dans leur langue; les Anglais nomment l'Angleterre *England*, les Allemands nomment leur pays *Deutschland*, etc.

§ I. — ANGLETERRE.

39. Situation et Limites. — L'Angleterre (*England*) comprend la partie méridionale de la Grande-Bretagne. Elle est séparée de l'Écosse, au N. par le golfe du Solway, par les monts Cheviot et par la Tweed, affluent de la mer du Nord. Entourée par cette dernière mer à l'E., par le Pas-de-Calais et la Manche au S., et par l'océan Atlantique au S. O., l'Angleterre est baignée à l'O. par le canal Saint-Georges et par la mer d'Irlande, qui communiquent avec l'océan Atlantique.

40. Grandes divisions politiques. Capitale. Villes principales. — L'Angleterre est divisée en deux parties distinctes, savoir : le royaume d'*Angleterre* proprement dit, subdivisé en 40 comtés (*counties* ou *shires*), et la principauté de *Galles* à l'O., subdivisée en 12 comtés. Nous indiquerons successivement les comtés et les villes les plus importantes de chacun des versants que dessine le sol de la Grande-Bretagne.

Le VERSANT DE LA MER DU NORD contient 23 comtés, savoir : 3 au Nord, *Northumberland, Durham* et *York;* 12 au centre, *Derby, Nottingham, Lincoln, Stafford, Leicester, Rutland, Northampton, Bedford, Huntingdon, Cambridge, Norfolk, Suffolk;* 8 au midi, *Oxford, Berks, Buckingham, Hertford, Middlesex, Surrey, Essex, Kent.*

Ce versant renferme :

LONDRES (*London*) (Middlesex et Surrey) (1), capitale de l'Angleterre et de tout l'empire Britannique (2,500,000 hab.); cette ville, la plus peuplée, la plus commerçante, la plus riche et en même temps l'une des plus belles du monde, a un port immense formé par la Tamise, couverte en tous temps de milliers de vaisseaux. Parmi ses monuments les plus célèbres, on cite : le nouveau palais du Parlement et l'abbaye de Westminster qui en est voisine, l'église de Saint-Paul, les palais de Sommerset, de Saint-James, et celui de Buckingham, résidence de la reine; plusieurs ponts remarquables sur la Tamise, et le *tunnel* qui passe sous ce fleuve, œuvre de l'ingénieur français Brunel.

---

(1) Nous indiquons entre parenthèses et en lettres ordinaires le nom du comté à laquelle chaque ville appartient. Londres est construit sur les limites des deux comtés ci-dessus nommés. Les villes qui ne sont pas suivies d'un nom de comté sont situées dans le même que la précédente.

Les **principales villes** du versant de la mer du Nord sont : *Douvres (Dover)* (Kent), port sur le Pas-de-Calais, le plus fréquenté pour les passages entre la France et l'Angleterre, dans le comté de Kent, dont la capitale, Cantorbéry (*Canterbury*), remarquable par sa magnifique cathédrale, est le siége de l'archevêque primat du royaume. — *Chatam*, à l'embouchure de la *Medway*, qui y forme une rade et un port magnifique, le second de l'Angleterre pour la marine de guerre, qui y possède des chantiers et des arsenaux très-importants, protégés par d'immenses fortifications. — *Sheerness*, plus au N. E., sur l'île de *Sheppey*, importante forteresse qui défend à la fois l'entrée de la Medway et celle de la Tamise, possède aussi de beaux chantiers pour la marine royale. — *Woolwich*, *Greenwich* et *Deptford*, que l'on rencontre dans le même comté, en remontant la Tamise pour se rendre à Londres, forment à cette métropole, le long de la rivière méridionale du fleuve, comme un immense et magnifique faubourg, qui se rattache à celui *Southwark*, nom donné à la partie de Londres située sur la rive droite de la Tamise, dans le comté de Surrey. — Les édifices non interrompus de ces trois villes offrent, à Woolwich et à Deptfort, des arsenaux et d'immenses chantiers de construction pour la marine de guerre et de commerce, et à Greenwich le magnifique hôpital des Invalides de la marine et l'Observatoire royal, où les Anglais font passer leur *premier méridien*. — Windsor (Berks), sur le même fleuve, mais à l'O. de Londres, est connu par son beau château, résidence des rois. — Oxford (*Oxford*), plus au N. O., et Cambridge (*Cambridge*), au N. E., célèbres par leurs universités. — York (*York*), beaucoup plus au N., sur l'Ouse, cité très-ancienne, avec un archevêché et une superbe cathédrale. Regardée autrefois comme la seconde ville du royaume, elle n'est plus aujourd'hui que la sixième de son vaste comté, où l'on distingue, plus au S. O. les grandes villes manufacturières de *Leeds* (125 mille habit.). — *Bradford* (plus de 50 mille habit.), *Halifax* (120 mille hab.) qui fabriquent des tissus de laine et de lin; celle de *Sheffield*, beaucoup plus au S. (95 mille hab.), renommée pour la fabrication de l'acier et des machines; enfin celle de *Hull* ou *Kingston*, sur la rive gauche et non loin de l'embouchure de l'Humber, le troisième des ports de commerce du royaume (80 mille hab.). — Newcastle (Northumberland), autre port extrêmement commerçant sur la *Tyne*, est le centre de la plus considérable exploitation de houille qui existe au monde.

Le VERSANT DE LA MER D'IRLANDE ET DE L'OCÉAN ATLANTIQUE forme 11 comtés dont 4 versent leurs eaux à la mer d'Irlande : *Cumberland, Westmoreland, Lancaster* et *Chester;* et 7 à l'océan Atlantique : *Shrop, Hereford, Worcester, Warwick, Gloucester, Monmouth, Somerset.*

La principauté de Galles (*Wales*) appartient également à ce versant ; elle forme 12 comtés, qui sont : *Anglesey, Caernarvon, Denbigh, Flint, Merioneth, Montgomery, Cardigan, Radnor, Pembroke, Caermarthen, Breknock, Glamorgan.*

Les VILLES PRINCIPALES sont, sur le versant de la mer d'Irlande : MANCHESTER (Lancaster) sur un affluent de la Mersey, la ville la plus importante de l'univers pour la fabrication des étoffes de coton (400 mille hab. y compris les faubourgs). — *Liverpool* (même comté), sur la droite et à l'embouchure de la Mersey, le premier port de commerce des îles Britanniques après celui de Londres (300 mille hab.). — Cinq autres villes importantes du comté de Lancastre, savoir : *Preston,* près de la mer d'Irlande ; *Blackburn,* plus à l'E., et *Bolton* plus au S., comptant l'une et l'autre plus de 60 mille hab. ; *Oldham* et *Rochalde,* au N. O. de Manchester, participent au grand mouvement industriel de cette métropole de la fabrication des tissus de coton. — *Stockport* (Chester), à peu de distance au S. E. de Manchester, sur la Mersey, participe aussi, comme les précédents, à la prospérité de cette grande ville (66 mille hab.).

Sur le versant de l'océan Atlantique : — BIRMINGHAM (Warwick), sur un affluent de la Severn, le plus important atelier du monde entier pour les arts métallurgiques (180 mille hab.). — BRISTOL (Gloucester), sur l'*Avon,* autre affluent de la Severn, et non loin du golfe ou canal qui porte son nom ; le quatrième port de commerce, et l'une des villes les plus industrieuses du royaume (130 mille hab.). — *Bath* (Somerset), non loin du canal de Bristol, doit son importance à ses excellentes eaux thermales, déjà célèbres du temps des Romains sous le nom d'*Aquæ Solis,* les Eaux du Soleil. — *Merthyr-Tydwill* (Glamorgan) est, par son industrie et sa population (22 mille hab.), la ville la plus importante du pays de Galles, dont les riches mines de fer et de houille écoulent leurs produits par le port de *Swansea,* sur le canal de Bristol. — *Milford* (Pembroke), plus à l'O., port magnifique au fond du havre de son nom, à l'extrémité S. O. du pays de Galles, possède de vastes chantiers pour la marine de guerre.

Le VERSANT DE LA MANCHE forme 6 comtés : *Cornwall, Devon, Dorset, Wilt, Hamp* et *Sussex.*

Les PRINCIPALES VILLES sont : *Falmouth*, port sur une vaste baie de la côte S. E. de la presqu'île et du comté de *Cornwall*, exporte les produits des inépuisables mines d'étain et de cuivre exploitées dans cette péninsule depuis les temps les plus anciens. — PLYMOUTH (Devon), superbe port de guerre et de commerce, avec d'importantes fortifications, des chantiers de construction et des arsenaux pour la marine royale, placés à *Devonport*, qui ne fait en quelque façon qu'une seule ville avec Plymouth. Elles sont situées au fond d'une vaste baie dont le phare d'*Eddystone*, bâti sur un rocher au milieu des flots, éclaire l'entrée (75 mille hab.). — PORTSMOUTH (Hamp), le port et l'arsenal le plus important de la marine royale d'Angleterre (60 mille habitants), sur une petite île de la magnifique rade de *Spithead*, formée par l'île de *Wight* et le continent, et dans laquelle 1,000 vaisseaux de guerre pourraient mouiller en sûreté. — SOUTHAMPTON, port très-commerçant au fond de la rade de *Spithead*, entretient, ainsi que *Brighton* (Sussex), plus au S. E., de nombreuses relations avec la France.

41. ILES PRINCIPALES QUI SE RATTACHENT A L'ANGLETERRE. — Les PRINCIPALES ILES qui dépendent de l'Angleterre sont : dans la Manche, l'île de WIGHT, sur la côte méridionale de l'Angleterre, dont elle est séparée par un détroit de peu de largeur; capitale *Newport*, au centre.

Dans l'Atlantique, les îles ANGLO-NORMANDES (*Bristish-Islands*), groupe situé près des côtes du département français de la Manche; on y distingue surtout : ALDERNEY ou *Aurigny*, vis-à-vis le cap de la Hague; — GUERNESEY, dont la capitale *Saint-Pierre*, au S. E., l'est en même temps de tout le groupe; — JERSEY, plus au S. E., capitale *Saint-Helier*, au S.

Les îles SCILLY ou *Sorlingues*, situées près de la pointe S. O. de l'Angleterre, et formant 45 petites îles rocailleuses, dont la principale est celle de *Sainte-Marie*, au S. O.

L'île d'ANGLESEY, dans la mer d'Irlande, est séparée du pays de Galles par le détroit de *Menay*; au N. E., sur ce détroit, se trouve *Beaumaris*, capitale de l'île.

MAN, plus au N., a pour capitale *Castletown*, au Sud.

§ II. — ÉCOSSE.

42. SITUATION ET LIMITES. MERS. — Le royaume d'ÉCOSSE (*Scotland*), séparé, comme nous l'avons dit, de l'Angleterre, au S., par le golfe du Solway, les monts Cheviot et la

Tweed, comprend toute la partie septentrionale de la Grande-Bretagne, et est borné à l'E. par la mer du Nord, à l'O. et au N. par l'océan Atlantique ; ces mers forment sur les côtes un grand nombre de golfes dont nous ferons connaître les plus importantes.

43. ILES. — Outre les îles d'*Arran* et de *Bute* dans l'océan Atlantique, nous devons indiquer, comme dépendants de l'Écosse, trois grands groupes d'îles qui méritent une attention particulière, ce sont :

1° Les WESTERN ou *Hébrides*, répandues, au nombre de plus de 200, tout le long de la côte occidentale de l'Écosse et divisées en deux groupes, dont l'un, plus voisin du rivage, comprend entre autres : les îles d'*Islay* et de *Jura*, séparées par le détroit de ce nom du comté d'Argyle, l'île de *Mull*, près de laquelle est situé le petit îlot de *Staffa*, célèbre par la *grotte de Fingal*, admirable assemblage de colonnes de basalte que l'on prendrait pour une gigantesque construction de l'art ; — celles de *South-Uist, North-Uist, Skye, Harris* et *Lewis*. — Ces trois dernières îles sont les plus considérables du second groupe des Western, désignées plus spécialement sous le nom de Longues-Iles (*Long-Island*), et séparées entre elles et du continent par les détroits du *Petit* et du *Grand Minsh*.

2° Les ORKNEY ou *Orcades*, séparées de la pointe d'Écosse par le détroit de *Pentland*, sont au nombre de 20 environ, dont la principale est *Pomona*.

3° Les SHETLAND, au N. E. des Orcades et au nombre de 86, dont la principale est *Maintland*.

44. GRANDES DIVISIONS POLITIQUES. — L'ÉCOSSE, partagée par le canal de Forth et Clyde et le canal Calédonien, en *Écosse du Midi*, du *Centre* et du *Nord*, est divisée administrativement en 33 comtés ou *stewartries* : — 6 dans l'*Écosse du Nord*, au N. du canal Calédonien, savoir : les *Orkney*, avec les *Shetland, Caithness, Sutherland, Ross, Cromarty* et *Inverness;* — 13 dans l'*Écosse du milieu*, dont 4 au N. des monts Grampians : *Nairn, Murray, Banff, Aberdeen* ; 9 au S. de ces montagnes sur la mer du Nord : *Kincardine* ou *Mearns, Forfar, Perth, Fife, Kinross, Clackmannan* et *Stirling*, et 2 sur l'Océan : *Argyle* et *Bute*, composé de l'île de ce nom ; — 14 dans l'Écosse du S., dont 7 sur le versant de la mer du Nord : *Linlithgow, Édimbourg, Haddington, Peebles, Selkirk, Berwick, Roxburgh;* et 7 sur le versant de l'Atlantique : *Dumbarton, Renfrew, Ayr, Lanark, Wigton, Kirkcudbright, Dumfries*.

45. CAPITALE. VILLES PRINCIPALES. — L'Écossé a peu de villes considérables ; nous nous bornerons à citer ici quelques-unes des plus importantes, savoir : — ÉDIMBOURG (*Edinburgh*), 200 mille hab., capitale du royaume et du comté de son nom ; ancienne et fameuse université, située à 2 kilomètres au S. du golfe de Forth, auquel l'unit en quelque sorte la ville de *Leith*, qui lui sert de port.

GLASGOW, à l'O., sur la Clyde ; la ville la plus considérable, la plus commerçante et la plus industrieuse du comté de *Lanark* et de toute l'Écosse ; célèbre par son université et ses belles imprimeries (environ 300 mille habitants). — PAISLEY (Renfrew), un peu plus au S.O., sur un canal qui met Glasgow en communication directe avec la côte orientale du golfe de la Clyde ; l'une des villes les plus importantes de l'Écosse par son industrie et sa population (170 mille hab.). — *Greenock* (Renfrew), port avec des chantiers de construction, à l'embouchure de la Clyde ; l'un des plus commerçants du Royaume-Uni. — *Dundee* (Forfar), plus au N., port très-commerçant, sur le golfe de Tay (100 mille hab.). — ABERDEEN (Aberdeen), plus au N. E. encore, port très-commerçant à l'embouchure de la Dee ; la ville la plus industrieuse et la plus considérable de tout le nord de l'Écosse ; université et siége du vicaire apostolique catholique du district de la Grande-Bretagne (60 mille hab.). — *Saint-Andrews* (Fife), plus au N. E., port sur la mer du Nord ; ancien archevêché primat d'Écosse avant la Réforme ; son université est encore aujourd'hui la plus fameuse pour les études théologiques. — PERTH (Perth), plus au N. O. sur le Tay ; jolie ville, ancienne résidence des rois d'Écosse, et aujourd'hui l'une des plus industrieuses de ce royaume. — INVERNESS (Inverness), à l'embouchure du canal Calédonien, dans le golfe de Murray ; entrepôt du commerce du nord de l'Écosse.

§ III. — IRLANDE.

46. SITUATION ET LIMITES. — La grande île d'IRLANDE (*Ireland*), la verte *Erin*, comme la nomment ses habitants, séparée de la Grande-Bretagne par le canal Saint-Georges, la mer d'Irlande et le canal du Nord, est entourée de tous les autres côtés par l'océan Atlantique. — Elle a environ 480 kilomètres dans sa plus grande longueur, depuis les caps *Mizen* ou *Clear*, au S.O., jusqu'au cap *Fair*, au N. E., sur 340 environ dans sa plus grande largeur, depuis la pointe *Carnsore*, au

S. E., jusqu'à l'extrémité septentrionale du Connaught. Sa superficie est évaluée à 83 mille kilomètres carrés.

47. Grandes divisions politiques. Capitale. Villes principales. — L'Irlande est divisée en 4 grandes provinces. savoir : l'*Ulster*, au N.; le *Connaught*, au N. O.; le *Leinster*, au S. E., et le *Munster*, au S. Ces provinces se subdivisent en 32 comtés, dont nous indiquerons les principaux en décrivant les villes les plus importantes.

DUBLIN, à l'embouchure de la Liffey, du Grand-Canal et du canal Royal, dans le havre de son nom; capitale du royaume, université, l'une des premières villes des Iles Britanniques par sa population et son commerce (255 mille hab.).

Belfast (Antrim), plus au N. E., port sur la baie de son nom, formée par le canal du Nord; ville manufacturière et commerçante, la plus importante du N. de l'Irlande (55 mille hab.). — LIMERICK (Limerick), port très-commerçant sur le Shannon, au milieu d'un pays riche et extrêmement fertile (70 mille hab.). — CORK (Cork), plus au S., la seconde ville de l'Irlande par sa population et son commerce, avec un port au fond du magnifique havre de son nom, assez vaste pour contenir toute la marine britannique; celle-ci a des chantiers et d'importants établissements à *Coves*, sur une île de cette baie que protégent de formidables batteries (87 mille hab.). — ARMAGH (Armargh), au S. O. du lac Neagh, dont les archevêques catholique et anglican prennent tous deux le titre de primat d'Irlande. — *Coleraine* (Londonderry), plus au N., port remarquable par ses pêcheries, sur le Bann, près de son embouchure dans l'Atlantique, et non loin de la fameuse *Chaussée des Géants*, formée de magnifiques colonnes basaltiques qui s'avancent à 200 mètres dans la mer. — GALWAY (Galway), plus au S., port vaste, mais peu profond, au fond de la baie de son nom; ville industrieuse et commerçante. — *Meynooth* (Kildare), au S. O.; université catholique fondée en 1795. — KILKENNY (Kilkenny), plus au S. O. encore, une des villes les plus industrieuses de l'Irlande. — WATERFORD (Waterford), au fond du havre de son nom, sur la côte méridionale, avec un port vaste et profond, formé par le *Suire*, qui assure la prospérité croissante de cette grande ville et de son commerce.

§ IV. — GÉOGRAPHIE POLITIQUE ET STATISTIQUE DES ILES BRITANNIQUES.

48. GOUVERNEMENT. — Le GOUVERNEMENT des Iles Britanniques est une monarchie représentative, héréditaire même pour les femmes, ainsi qu'on le voit aujourd'hui, à défaut d'héritier mâle de leur branche. Le souverain, seul dépositaire du pouvoir exécutif, partage la puissance législative avec le *parlement*, composé de deux *chambres*, celle des *lords* ou des *pairs*, dont la dignité est héréditaire, mais dont le souverain peut augmenter le nombre; et celle des *communes*, dont les membres, au nombre de 658, sont élus pour sept ans, par les comtés, les villes, les bourgs et les universités.

L'Angleterre, dont la capitale, LONDRES, est le siége du gouvernement, compte cinq cents représentants dans la chambre des communes, et fournit également à la chambre des pairs la plupart de ses membres.

L'Ecosse, réunie depuis 1603 en un seul royaume avec l'Angleterre, a cessé, en 1706, d'avoir son parlement particulier, et envoie 16 pairs et 53 députés siéger au parlement anglais.

L'Irlande, conquise par l'Angleterre il y a près de sept siècles, et qui s'est vu enlever en 1801 son parlement national, est gouvernée par un lord-lieutenant nommé par le gouvernement anglais, et résidant à Dublin. Elle est représentée dans le parlement britannique par 32 pairs, dont un archevêque et 3 évêques anglicans, et par 105 membres de la chambre des communes.

49. POPULATION. RACES ET LANGUES. — La POPULATION EUROPÉENNE du Royaume-Uni est d'environ 29 millions d'habitants, et ses possessions lointaines en comptent 150 millions. — Le royaume d'Angleterre a 19 millions d'habitants, dont 914 mille seulement pour la principauté de Galles. Cette population descend en grande partie des races de l'Europe septentrionale qui, au moyen âge, firent la conquête de la Grande-Bretagne. Les Angles et les Saxons forment la masse de la nation; les Northmans, derniers conquérants du pays, ont donné naissance à l'aristocratie territoriale, dont le type originaire s'est conservé jusqu'à nos jours. L'ancienne race bretonne subsiste encore avec la vieille langue celtique dans la principauté de Galles. — L'Écosse compte environ 3 millions d'habitants, descendant des Calédoniens (Scots et Pictes), auxquels se sont jointes quelques tribus scandinaves. Un certain nombre, dans la partie septentrionale, ont conservé, avec les coutumes et les mœurs de leurs ancêtres (les Scots), leur idiome national, la langue gaélique, dans laquelle le fameux chantre Ossian a composé ses poëmes. — L'Irlande, dont la population a considérablement diminué depuis quelques années, par suite de la misère qui a longtemps désolé ce pays et des émigrations continuelles qu'elle a entraînées, compte à peine aujourd'hui 7 millions d'habitants.

50 RELIGIONS. — Les habitants des ILES BRITANNIQUES sont partagés en un grand nombre de cultes différents. — Dans le royaume d'Angleterre, l'immense majorité de la population, environ 16 millions d'âmes, suit la *religion anglicane*, l'une des branches de l'église calviniste, dont elle adopte tous les dogmes, mais en conservant la hiérarchie des archevêques et des évêques, qui sont même tous membres de la chambre des pairs. Le souverain, roi ou reine, est le chef de l'Église anglicane ou *épiscopale*, comme on l'appelle encore; mais il reste étranger à tout ce qui concerne le dogme et la discipline. On compte en Angleterre environ un million de catholiques, qui sont actuellement admis à tous les droits politiques, et 15 mille juifs : le reste de la population se partage entre les diverses sectes de la religion protestante. — Les Écossais professent en très-grande majorité le *presbytérianisme*, secte protestante qui n'admet pas l'épiscopat et ne reconnaît que de simples pasteurs. — L'Irlande compte au moins 5 millions de catholiques, et environ 800 mille épiscopaux ou anglicans et 650 mille presbytériens. Les seconds, quoique infiniment moins nombreux que les premiers, ont, comme eux, et dans les mêmes villes, 4 archevêchés et 27 évêchés, et le clergé anglican jouit de revenus cinq fois plus considérables que le clergé catholique.

51. COLONIES. — LEUR IMPORTANCE MILITAIRE ET COMMERCIALE. — L'empire Britannique étend sa domination sur un grand nombre de contrées répandues dans toutes les parties du monde. Ces vastes possessions offrent une superficie d'environ 13 millions de kilomètres carrés et contiennent une population de près de 200 millions d'habitants. Nous allons les faire connaître sommairement, ce sont :

EN EUROPE, dans la mer du Nord, la petite île d'*Helgoland*, vis-à-vis les embouchures de l'Elbe et du Véser; — *Gibraltar*, au S. de l'Espagne; — l'île de *Malte* et ses dépendances, au S. de l'Italie; — les *îles Ioniennes*, dans la mer de ce nom.

EN ASIE : *Aden*, en Arabie; — l'île de *Perim*, à l'entrée de la mer Rouge, *Socotora*, dans le golfe d'Aden, et quelques îles du golfe Persique ; une grande partie de l'*Hindoustan* (capitale CALCUTTA), et de l'*Indo-Chine*, avec *Ceylan* et plusieurs autres îles ; — *Hong-Kong*, sur les côtes de la Chine.

EN AFRIQUE : des établissements dans la *Sénégambie ;* en *Guinée ;* la grande colonie du *cap de Bonne-Espérance* et celle de la *côte de Natal ;* — les îles *Sainte-Hélène* et de l'*Ascension*, *Maurice* (autrefois *île de France*) avec les *Seychelles*.

EN AMÉRIQUE : l'immense territoire de la *Nouvelle-Bretagne*, avec les îles qui en dépendent : *Terre-Neuve, Saint-Jean*, etc., au N. — Au S., les *Bermudes*, les îles *Lucayes* ou *Bahama ;* dans les grandes Antilles, la *Jamaïque*, cap. KINGSTON ; dans les petites Antilles : les îles *Vierges, Antigoa, Saint-Christophe, Sainte-Lucie, Saint-Vincent*, la *Barbade, Tabago*, et enfin la *Trinité*, qui en est la plus considérable (ville principale, *Spanish-Town*) ; et enfin, dans l'Amérique du Sud, la *Guyane* anglaise, et les îles *Falkland* ou *Malouines* et *Opparo*.

DANS L'OCÉANIE, enfin : en *Australie* les cinq grands gouvernements nommés : *Nouvelle-Galles du Sud* ou Australie Orientale, capitale SIDNEY ; *Australie Heureuse*, capitale MELBOURNE ; *Australie Méridionale*, capitale ADÉLAÏDE ; *Australie Occidentale*, capitale PERTH, et *Australie Septentrionale*, capitale VICTORIA. — Au S. de l'Australie, la *Tasmanie*, capitale HOBART-TOWN ; la *Nouvelle-Zélande*, capitale AUKLAND, et quelques îles moins importantes, et un établissement dans l'île de *Bornéo*.

Les *principaux ports* que possèdent les Anglais dans ces colonies sont : *Gibraltar* (Espagne), *Cité-Lavalette* (Malte), *Aden* (Arabie), *Calcutta, Bombay, Calicut, Cochin, Mazulipatam* (Hindoustan), *Trinkemalé* (Ceylan), *Amherst-Town, Merghi, Malakka, George-Town, Singapour* (Indo-Chine), *Hong-Kong* (Chine), *le Cap* (colonie du Cap), *Port-Natal* (Amérique orientale), *Port-Louis* (île Maurice), *Québec, Halifax* (Amérique du Nord), *Kingstown* (Jamaïque), *Sydney, Melbourne, Port-Lincoln, Port-Essington* (Australie).

Il suffit d'examiner sur une carte la situation des diverses colonies anglaises pour juger de leur importance militaire. Répandues sur tout le globe, elles occupent partout des points qui assurent aux Anglais la possession de la mer ou des points de ravitaillement pour leurs vaisseaux. En Europe, Helgoland commande la mer du Nord et la sortie de la Baltique ; Gibraltar, Malte et Corfou assurent la Méditerranée.

En Afrique les possessions du Sénégal, du Cap, de Natal et de Maurice dominent les côtes S. O. et S. E. et défendent la route des Indes et le passage du cap de Bonne-Espérance. Périm commande la mer Rouge. Tout l'Hindoustan est couvert des établissements anglais qui dominent ainsi la mer des Indes. l'Australie et les possessions de l'Océanie dominent le Grand Océan; les îles Malouines commandent le passage du cap Horn. La Guyane, puis les Antilles espagnoles et les Bermudes, dominent à la fois l'Atlantique et le golfe du Mexique; enfin les établissements de la Nouvelle-Bretagne dominent l'Amérique du Nord.

La marine militaire de la Grande-Bretagne trouve sur tous ces points des relâches et des lieux de ravitaillement qui lui rendent facile la domination des mers, pendant que le commerce, favorisé par des stations sur tous les points du globe d'où l'on tire toutes les matières premières utiles à l'industrie ou les objets de fabrication, peut se livrer hardiment à ses opérations, protégées par les colonies ou les vaisseaux de l'Angleterre.

52. NOTIONS DIVERSES. ÉLÉMENTS DE PUISSANCE DE L'ANGLETERRE. ARMÉE, MARINE, REVENU. — L'ANGLETERRE qui tient un si haut rang parmi les puissances européennes, le doit surtout à l'*industrie*, à l'*intelligence* et au *patriotisme* de ses habitants, qui ont donné un immense développement au *crédit* et à la *richesse* en *capitaux* de leur pays. Les nombreuses colonies que nous venons d'énumérer contribuent pour beaucoup à la grandeur de la métropole, qui entretient une immense marine et une armée relativement peu considérable eu égard à l'étendue de ses possessions.

L'ARMÉE RÉGULIÈRE, en temps de paix, s'élève à environ 180 mille hommes; elle est répandue dans le royaume et dans toutes les possessions britanniques. De plus, la *milice* et les cavaliers de la *yeomanry*, corps de volontaires organisés d'une manière analogue à la garde nationale, sont destinés au maintien de l'ordre et de la tranquillité. La marine militaire du royaume britannique est la plus puissante de l'Europe; elle se compose de plus de 700 bâtiments de tout rang, dont près de 100 vaisseaux de ligne, et parmi lesquels un grand nombre sont munis d'appareils à vapeur; ils sont montés par plus de 60 mille hommes.

Les REVENUS PUBLICS, malgré de nombreuses réductions dans les taxes, s'élèvent à près de 1,639,125,000 francs; le capital de la dette publique est de 20,850,000,000 de francs.

Le SOL, sans être d'une extrême fertilité, produit, grâce à une culture très-perfectionnée, d'abondantes récoltes, si ce n'est dans la partie montagneuse de l'Écosse et en Irlande, où le manque de capitaux et les immenses bogs ou tourbières qui couvrent une grande partie du sol s'opposent aux progrès de l'agriculture. L'Angleterre possède *d'excellents pâturages* qui nourrissent de magnifiques bestiaux. Le raisin n'y mûrit pas assez bien pour produire du vin, mais il y est remplacé par la *bière*, dont on fait une consommation considérable. — Le bois, qui est rare, est remplacé par la *houille*, qui se trouve en Angleterre en plus grande abondance qu'en aucune autre contrée du globe. Rapprochée presque partout d'inépuisables dépôts de *minerai de fer* qu'elle sert à mettre en œuvre, en même temps qu'elle alimente les innombrables usines qui couvrent l'Angleterre et qu'elle fournit le moteur de sa puissante *marine à vapeur*, la houille est ainsi l'un des grands éléments de la prospérité de la Grande Bretagne. Après la houille et le fer, ses produits minéraux les plus importants sont *l'étain*, le *cuivre*, le *plomb* et le *sel*. Mais ce qui constitue surtout la richesse et la puissance de l'empire Britannique, c'est son *industrie manufacturière*, appliquée surtout aux *tissus* de *coton*, de *laine*, de *lin* et de *soie*, aux *métaux*, aux *cuirs*, aux *poteries*, aux *verreries*, à la *porcelaine*, etc., et dont la production annuelle dépasse 3 milliards et demi de francs. — L'immense commerce qu'alimentent tous ces produits, facilité à l'intérieur par un vaste système de *routes*, de *canaux* (voir ci-dessous) et de *chemins de fer* qui relient entre elles toutes les grandes villes, est vivifié et protégé à l'extérieur par une marine marchande et militaire, tant à voiles qu'à vapeur, de près de 38 mille bâtiments, dont 1,600 à vapeur, ce qui rend toutes les parties du monde tributaires de l'Angleterre.

55. CANAUX — La régularité du sol et le peu d'élévation des collines qui séparent les bassins des différents fleuves, a permis l'établissement de nombreux CANAUX, destinés à unir les divers bassins fluviaux et maritimes. L'Angleterre est donc le plus favorisé des États du globe sous le rapport des communications intérieures par eau. Parmi ces canaux, qui sont beaucoup trop nombreux pour être nommés tous ici, nous nous bornerons à indiquer : — le canal dit de *Grande-Jonction*, qui, par une ligne non interrompue, n'offrant pas moins de 45 embranchements de 1,680 kilomètres de développement, met la Tamise en communication avec la Dee et la Mersey, et, par conséquent, la mer du Nord avec celle d'Irlande ; — le canal de *Grande-Union*, qui s'embranche sur le précédent, pour mettre la Tamise en communication avec le Wash et avec l'Humber, par la Trent ; le *Grand-Trunk*, qui, en facilitant

la navigation de la Trent, met l'Humber en communication à l'O. avec la Mersey, à l'O. et au S. O. avec la Sévern, que d'autres canaux joignent elle-même avec la Tamise et avec la Manche. — On peut citer encore ceux qui, au moyen de divers embranchements, mettent tout le littoral de la mer d'Irlande en communication directe avec les affluents de l'Ouse, et par conséquent avec la mer du Nord.

Ces canaux appartiennent à l'Angleterre proprement dite, mais les Anglais ont étendu à l'Écosse leur vaste système de canalisation : parmi les canaux qui ont été creusés, nous nous bornerons à nommer les deux qui ont pour but de réunir la mer du Nord et l'Atlantique, savoir : le canal de *Forth et Clyde* ou *Grand Canal*, à l'endroit le plus resserré de l'Écosse, qui n'a pas 50 kilomètres de longueur entre les deux golfes qui ont donné leurs noms à ce canal. Le canal *Calédonien*, plus au N., qui joint le fond du golfe Murray avec le loch *Linnhe*, celui des golfes de la côte de l'Atlantique qui s'enfonce le plus avant dans les terres. Ce canal, pour l'exécution duquel on a mis à profit plusieurs lacs intérieurs, tels que le *Lochi* et le *Ness*, que l'on a réunis ensemble, est assez large et assez profond pour porter des frégates.

QUESTIONNAIRE. — 38. Quelle est la position et l'étendue des Iles Britanniques ? — De quelles îles se compose cet archipel ? — Comment se divisent-elles ? — § I. 39. Quelles sont les limites de l'Angleterre ? — 40. Faites connaître ses divisions politiques et administratives. — Combien chacun des trois versants forme-t-il de comtes et quelles en sont les villes principales ? — 41. Quelles sont les principales îles qui dépendent de l'Angleterre ? — § II. 42. Quelles sont les limites de l'Écosse ? — Quelles mers la baignent ? — 43. Quelles sont les îles qui en dépendent dans l'Atlantique ? — Comment l'Écosse est-elle divisée ? — 44. Combien de comtes comprend chacune de ses trois divisions ? — 45. Quelles sont ses villes principales ? — § III. 46. Quelle est la position et l'étendue de l'Irlande ? — 47. Comment est-elle divisée ? — Quelles sont ses villes principales ? — § IV. 48. Quel est le gouvernement des Iles Britanniques ? — Quelle part prend chaque royaume à la composition des chambres ? — 49. Quelle est la population totale des Iles Britanniques et celle de chaque royaume ? — 50. Quelles religions suit-elle ? — 51. Faites connaître l'étendue et la population des possessions lointaines de l'empire Britannique ? — Quelles sont ses possessions en Europe, en Asie, en Afrique, en Amérique et en Océanie ? — Faites apprécier leur importance militaire et commerciale. — Quels sont leurs principaux ports ? — 52. Faites connaître les principaux éléments de puissance de l'Angleterre. — Quelle est la force de l'armée et de la marine ? — Quels sont les revenus et la dette de l'empire Britannique ? — Exposez l'état de l'agriculture et de l'industrie. — 53. Quels sont les principaux canaux de l'Angleterre ? — Quels sont les principaux canaux de l'Écosse ?

CHAPITRE SIXIÈME.

HOLLANDE. — BELGIQUE. — ÉTATS SCANDINAVES.

PREMIÈRE PARTIE.

Hollande et Belgique (1).

SOMMAIRE.

§ I. 54. Les Pays-Bas sont situés au N. O. des États de l'Europe.
Ils se divisent en deux parties : 1° les Pays-Bas proprement dits, bornés par la mer du Nord, par la Belgique, la Prusse Rhénane et le Hanovre; 2° le grand-duché de Luxembourg, entre la Belgique, la France et la Prusse Rhénane.

55. Ce royaume est divisé en 11 provinces : Groningue, Frise, Drenthe, Over-Yssel, Hollande septentrionale, Hollande méridionale, Utrecht, Gueldre, Zélande et Brabant.

56. Les principales villes sont Amsterdam et la Haye, capitales; Rotterdam, Maestrich, Flessingue, Utrecht et Luxembourg.

57. La population est de 3 millions d'habitants, descendant des Bataves, et la plupart protestants. les catholiques ont plusieurs évêchés. Le gouvernement est une monarchie représentative. — De nombreux canaux, dont celui du Nord est le plus remarquable, sillonnent la Hollande.

58. Les colonies, ayant 21 millions d'habitants, sont : en Afrique, la Mine et quelques autres ports en Guinée; — en Amérique : Curaçao, Saint-Eustache et la Guyane; — en Océanie : des établissements considérables à Sumatra, Java, Célèbes et Bornéo, et aux îles Timoriennes et Moluques. La Hollande a 43 mille soldats, une flotte de 170 bâtiments, une industrie florissante et 152 millions de revenu.

§ II. 59. Le royaume de Belgique est situé entre la mer du Nord, la France, la Hollande et la Prusse Rhénane.

60. Il se divise en 9 provinces : Anvers, Flandre occidentale, Flandre orientale, Hainaut, Brabant, Limbourg, Liège, Namur, Luxembourg.

61. Les principales villes sont : Bruxelles, capitale; Mons, Bruges, Gand, Anvers, Malines, Namur.

62. La population est de 4 millions 430 mille habitants, qui parlent le flamand et le français. La religion catholique domine; il y a un vingtième de protestants. Le gouvernement est une monarchie représentative.

63. Le climat est humide, mais cependant une grande partie du pays est très-fertile. On y trouve de la houille, du fer, et on y fabrique beaucoup de tissus et de dentelles. Les chemins de fer y sont nombreux ainsi que les canaux (de Gand à Bruges et à Ostende; de

---

(1) Voir, dans l'atlas de M. Ansart, la carte des PAYS-BAS et BELGIQUE.

Bruxelles à Mons et à l'Escaut; du nord de Bruxelles à Venloo, ou de la Meuse à l'Escaut).

§ I. — HOLLANDE OU ROYAUME DES PAYS-BAS.

54. Situation et limites. — Le royaume des Pays-Bas ou de Néerlande (*Néerlanden*) appelée aussi *Hollande* du nom de la principale de ses provinces, est située au N. O. de l'Europe, et pris entre le 49ᵉ et le 54ᵉ degré de latitude N., et entre le 1ᵉʳ et le 5ᵉ degré de longitude E. — Ce royaume est appelé *Pays-Bas*, parce que le sol en est si bas qu'il n'est préservé des irruptions de la mer qu'au moyen de fortes digues entretenues à grands frais et avec des soins infinis.

Ce royaume est composé de deux parties séparées l'une de l'autre, savoir : 1° le royaume des *Pays-Bas* proprement dit, limité au N. et à l'O. par la mer du Nord, au S. par la Belgique, et à l'E. par la Prusse Rhénane et le Hanovre; et 2° le *grand-duché du Luxembourg* ou *Luxembourg néerlandais*, plus au S., borné au N. O. par la Belgique, qui le sépare des Pays-Bas; par la France au S. et par la Prusse Rhénane à l'E. — Sans y comprendre cette province, le royaume des Pays-Bas a 320 kilomètres du N. au S., sur 200 environ dans sa plus grande largeur, et, avec le Luxembourg, à peu près 35,700 kilomètres carrés de superficie.

55. Divisions politiques. — Depuis la révolution qui, au mois de septembre 1830, a séparé la Hollande de la Belgique réunies en un seul royaume en 1814, les Pays-Bas ne se composent plus que de 11 provinces, comprises autrefois sous le nom de république des *Provinces-Unies* ou *Hollande*. Deux de ces provinces, le duché de *Limbourg*, au S. E., et le grand-duché de *Luxembourg*, apppartiennent à la Confédération Germanique. Les autres provinces sont : celles de *Groningue, Frise, Drenthe, Ower-Yssel, Hollande* (subdivisée en Hollande septentrionale et méridionale), *Utrecht, Gueldre, Zéelande* et *Brabant*.

56. Capitale, villes principales. — Les principales villes de ces provinces : sont — AMSTERDAM, sur le Zuider-Zée, véritable capitale du royaume, quoiqu'elle ne soit pas la résidence du souverain; l'une des plus belles, des plus industrieuses, des plus riches et des plus florissantes villes du monde; évêché (220 mille habit.). Elle est traversée par l'Amstel, dont le pont est un de ses plus beaux monuments, et par un grand nombre de canaux qui la divisent en près de 100 îles unies par 200 ponts. — Harlem, à l'O. d'Amsterdam, sur la mer de son nom, aujourd'hui presque entièrement desséchée; capitale de la *Hollande septentrionale;* elle dispute à Mayence la gloire d'avoir inventé l'imprimerie. — *Zaandam*, appelé par corruption *Saardam*, sur le Zuider-Zée; chantier de construction célèbre par le séjour qu'y fit Pierre le Grand.

La Haye (S' *Gravenhaye*), au S. O. d'Amsterdam, résidence habituelle du roi des Pays-Bas; siége des états généraux et capitale de la *Hollande méridionale* (64 mille habit.). On la regarde comme un bourg, parce qu'elle n'a ni portes ni murailles. — Rotterdam, sur la Meuse, que les plus gros vaisseaux peuvent remonter jusque dans son port; la seconde ville des Pays-Bas par son industrie, son commerce et sa population; patrie d'Erasme (80 mille habit.)

Leyde, sur le vieux Rhin, fameuse par son université.

Groningue, au N. E. du royaume, capitale de la province de son nom, avec une université.

Leuwarden, place forte, à l'O., capitale de la province de la *Frise*.

Assen, au S. E., capitale de la province de *Drenthe*.

Zwoll, au S. O., capitale de la province d'*Over-Yssel*.

Nimègue, sur le Wahal, avec un château bâti, dit-on, par Charlemagne; remarquable par la paix de 1679; place très-forte et la ville la plus importante et la plus peuplée de la province de *Gueldre*, qui a pour capitale Arnheim, plus au N. E., sur le Rhin.

Utrecht, au S. E. d'Amsterdam, capitale de la province de son nom, fameuse par l'*Union* de 1579, qui fut le fondement de la république des Provinces-Unies, par le congrès de 1713, qui pacifia l'Europe, et par son université (43 mille habit.).

Middelbourg, au S. O., dans l'île de *Walcheren*, l'une des principales formées par les bouches de l'Escaut; capitale de la province de *Zéelande*, nom qui signifie *terre maritime*, parce qu'elle est presque toute composée d'îles formées par les embouchures de l'Escaut et de la Meuse. — *Flessingue*, sur la côte méridionale de cette même île de Walcheren, place forte et principal port militaire des Pays-Bas.

Bois-le-Duc (*Hertogen Bosch*), plus au S. O., ville très-forte, renommée par les belles toiles qui s'y fabriquent ainsi qu'aux environs; évêché et capitale du *Brabant septentrional* ou *Néerlandais*.

Luxembourg, au S. E., sur l'*Alzette;* capitale du grand-duché du *Luxembourg;* l'une des forteresses de la Confédération Germanique et des plus fortes places de l'Europe.

MAESTRICHT, sur la Meuse, forteresse importante, capitale du duché du *Limbourg*, mais non comprise dans la Confédération Germanique.

57. GOUVERNEMENT. POPULATION. RACES ET RELIGIONS. CANAUX. CLIMAT — Le royaume des PAYS-BAS a plus de 3 millions d'habitants, dont la majeure partie parle le *hollandais*, l'un des dialectes de la langue teutonique. — Cette population, descendant des anciens Bataves auxquels se sont mêlés au moyen âge beaucoup de Northmans, se partage entre les diverses branches de la religion réformée; mais la majorité professe le calvinisme. Les catholiques possèdent plusieurs évêchés, et les juifs sont assez nombreux. — Le GOUVERNEMENT est une *monarchie représentative*, dans laquelle le roi partage le pouvoir législatif avec les *Etats généraux*, qui se composent de deux *chambres*, l'une, formée de *membres nommés à vie* par le roi, et l'autre, des *députés* de la noblesse, de la bourgeoisie et des paysans élus pour trois ans.

Les nombreuses RIVIÈRES qui traversent la Hollande sont navigables et unies entre elles par une infinité de canaux entretenus avec grand soin et formant un système complet de communications économiques extrêmement suivies. Le plus remarquable de tous est le *canal du Nord* ou *d'Alkmaar*, de 72 kilomètres de longueur, dont les dimensions sont telles qu'il amène les plus grands bâtiments de commerce, et même des frégates du port du *Helder*, situé sur la mer du Nord, jusque dans celui d'*Amsterdam*, en évitant la navigation dangereuse du Zuider-Zée.

Le CLIMAT de la Hollande est généralement humide et variable, ce qui est, en grande partie, causé par la présence de ses nombreux cours d'eau, dont le niveau est souvent plus élevé que celui des terres voisines. Pour remédier à des inondations permanentes, le génie des Hollandais a construit des digues d'une étendue considérable, qui contiennent les eaux et permettent de changer en champs fertiles et en gras pâturages les marais qui jadis couvraient la plus grande partie du pays. La rupture de ces digues, au moment des hautes eaux, cause parfois d'épouvantables désastres. La fabrication de la toile, du fromage et la pêche du hareng sont les sources des richesses de la Hollande, qui avait avant l'Angleterre le monopole du commerce dans toutes les parties de l'univers.

58. COLONIES. ARMÉE. MARINE. REVENU. —Le royaume des PAYS-BAS, autrefois célèbre par l'extension de ses colonies dans toutes les parties du monde, a beaucoup perdu de ses possessions lointaines ; il en conserve pourtant encore qui comprennent environ 1 million de kilomètres et 21 millions d'habitants. — Les principales de ses colonies sont :

En AFRIQUE : le fort de *la Mine* ou *El-Mina*, et quelques autres petits ports, sur la côte de Guinée.

En AMÉRIQUE : 1° les îles de *Curaçao* ou de *Saint-Eustache*, dans l'archipel des Antilles ; — 2° la *Guyane néerlandaise* ou *hollandaise*, sur la côte orientale de l'Amérique du Sud.

Dans l'OCÉANIE, enfin, de nombreuses et très-importantes possessions dans les grandes îles et les archipels de la Malaisie ; savoir : la plus grande partie des îles de *Java*, où est bâtie BATAVIA, capitale des établissements hollandais en Océanie ; de *Sumatra* et de *Célèbes*, avec plusieurs des petites îles voisines, une grande portion des archipels des *îles Timoriennes* et des *Moluques*, une partie de la grande île de *Bornéo*, etc.

L'ARMÉE monte à 45 mille hommes. La MARINE MILITAIRE compte 170 bâtiments, dont 7 vaisseaux et 17 frégates.

Les REVENUS de l'Etat s'élèvent à 152 millions de francs.

§ II. — BELGIQUE.

59. SITUATION ET LIMITES. — Le royaume de BELGIQUE, compris entre le 49° et le 52° degré de latitude boréale et entre le 0° et le 4° degré de longitude orientale, est limité au N. O. par la mer du Nord, au S. O. et au S. par la France, à l'E. par les provinces Néerlandaises et Prussiennes de la Confédération Germanique, et au N. E. par les Pays-Bas. — Il a 290 kilomètres dans sa plus grande longueur, depuis le rivage de la mer du Nord jusqu'à la limite S. E. du Luxembourg belge, sur 180 kilomètres de largeur, de l'extrémité N. E. de la province d'Anvers à la limite S. du Hainaut. Sa superficie égale environ 29 mille kilomètres carrés.

60. GRANDES DIVISIONS POLITIQUES. — Le royaume de BELGIQUE est divisé en 9 provinces, savoir : *Anvers, Flandre occidentale, Flandre orientale, Hainaut, Brabant, Limbourg, Liége, Namur, Luxembourg;* elles sont subdivisées, comme les départements français, en arrondissements, en cantons et en communes.

61. CAPITALE. VILLES PRINCIPALES. PORTS PRINCIPAUX. — Les VILLES LES PLUS IMPORTANTES de la Belgique sont : BRUXELLES, sur la Senne, capitale de la Belgique et de la provice du *Brabant*. Située à peu près au centre du royaume,

VILLES PRINCIPALES. 51

cette ville industrielle, commerçante et riche, siége du gouvernement et de l'université libre de Belgique, est ornée de beaux édifices et de promenades, dont la plus fréquentée est le beau jardin public du *Parc* (145 mille habit.). A 3 kilomètres au N. on trouve le joli village avec le magnifique château de *Laeken*. Le funeste champ de bataille de *Waterloo* et de *Mont-Saint-Jean*, où Napoléon livra sa dernière bataille, est à 16 kilomètres S. E. de la même ville. — *Louvain*, plus au N. E., à la jonction du canal de son nom et de la Dyle, remarquable par son université catholique, par son hôtel de ville, le plus bel édifice gothique de la Belgique, et par ses brasseries renommées (25 mille habit.).

Mons, au S. O., sur la Trouille, capitale de la province du *Hainaut*, est extrêmement forte : aussi a-t-elle soutenu plusieurs siéges, dont le plus célèbre est celui qu'en fit Louis XIV, qui s'en empara en 1691. Elle est unie, par le canal de *Mons à Condé*, à la ville française qui porte ce dernier nom; ce canal transporte et introduit en France les houilles et les marbres exploités aux environs de Mons. — A l'O. de cette ville s'étendent les plaines de *Jemmapes*, illustrées par une victoire des Français en 1792. — *Charleroi*, à l'E., à la jonction du canal de son nom et de la Sambre, qui servent de débouchés à ses immenses exploitations de fer et de houille; ville forte qui fut plusieurs fois prise et rendue par les Français. — *Tournai*, plus à l'O., sur l'Escaut, évêché, ville forte et la plus peuplée du Hainaut (31 mille habit.). Elle est remarquable par sa cathédrale, ses belles manufactures de tapis et de porcelaines, et par la découverte qu'on y a faite, en 1653, du tombeau du roi Childéric.

Bruges, évêché, beaucoup plus au N. O., capitale de la *Flandre occidentale*, ornée de beaux édifices, entre lesquels on remarque surtout son hôtel de ville et sa cathédrale, où se voient les tombeaux de Charles le Téméraire et de sa fille Marie (51 mille hab.). Cette ville, qui était, au moyen âge, la plus industrieuse, la plus commerçante et la plus riche des cités flamandes, conserve encore quelques restes de cette prospérité, grâce surtout au canal qui la met en communication avec *Ostende*, port de mer fortifié et le plus important de la Belgique après Anvers. — *Ypres*, au S. O. de Bruges, dont son industrie, encore florissante, la rendit jadis la rivale; elle communique aussi avec la mer par un canal, et possède de beaux édifices gothiques. — *Courtrai*, plus au S. E., sur la Lys, renommée par ses toiles et son beau linge de table.

Gand, plus au S. E., capitale de la *Flandre orientale*, au

confluent de l'Escaut, de la Lys et d'autres petites rivières qui la partagent en 26 îles réunies par un grand nombre de ponts. Ces diverses rivières, et les canaux qui partent de Gand, favorisent l'industrie et le commerce de cette ville, qui tient le premier rang dans le royaume sous ce rapport; son étendue, son ancienne citadelle, ses beaux édifices, ses places, ses promenades, et ses quais magnifiques attestent l'ancienne prospérité de cette cité, patrie de l'empereur Charles-Quint. Elle doit aussi une partie de son importance actuelle à son évêché, à son université et à ses nombreux établissements scientifiques (107 mille hab.).

ANVERS, plus au N. E., capitale de la province du même nom, évêché sur l'Escaut, qui y forme un port magnifique. Les travaux exécutés par ordre de Napoléon Ier, pendant que la Belgique appartenait à la France, ont fait d'Anvers le premier port du royaume pour la marine de commerce et celle de guerre. Elle est la patrie de Rubens et de plusieurs autres peintres distingués. Les Français l'ont enlevée aux Hollandais, en 1832, à la suite d'un siége difficile et glorieux (96 mille hab.). — *Malines*, au S. E. d'Anvers, près de la Dyle, jolie ville, qui doit son importance à son archevêché, le seul du royaume, et à ses fabriques de dentelles. Elle est le centre du réseau de chemins de fer qui couvre toute la Belgique.

HASSELT, sur le Demer, capitale du Limbourg Belge, ville forte, importante par ses distilleries.

LIÉGE, située près du confluent de l'Ourthe avec la Meuse, capitale de la province de son nom; évêché; remarquable par sa vaste et forte citadelle, son université, sa fonderie de canons, ses fabriques d'armes à feu et ses mines de houille; patrie du compositeur Grétry (82 mille hab.). — *Verviers*, à l'E., est célèbre par ses fabriques de draps. — Le bourg de *Spa*, plus au S., est renommé par ses eaux minérales et ses ouvrages en bois.

NAMUR, au S. O. de Liége, et, comme elle, capitale de la province de son nom, est aussi une ville épiscopale, industrieuse et commerçante, à laquelle sa forte position, au confluent de la Sambre et de la Meuse, permit de soutenir un long siége contre Louis XIV, en 1692. — Au S. se trouvent *Philippeville* et *Marienbourg*, petites forteresses possédées par la France pendant un siècle et demi, et qu'elle a perdues aux traités de 1815.

ARLON, au S. E., sur la Sensoy, capitale du Luxembourg Belge.

62. GOUVERNEMENT. POPULATION. RACES ET RELI-

GIONS. ARMÉE.— La BELGIQUE, renfermant (1850) 4,426,200 habitants ou 151 par kilomètre carré, est ainsi le plus peuplé des États de l'Europe relativement à son étendue. La population est issue du mélange des races gauloise et germaine. — Le *flamand*, l'un des dialectes de la langue teutonique, est la langue naturelle de la Belgique ; mais le *français*, dont l'usage est très-répandu dans tout le royaume, et surtout dans les provinces méridionales, est la langue de l'administration et du commerce.

L'immense majorité de la nation belge professe la *religion catholique*; cependant un vingtième environ de la population se compose de *luthériens*, habitant surtout les provinces de l'E., et de *juifs* répandus dans toutes les provinces. — Le GOUVERNEMENT de la Belgique est une *monarchie héréditaire et représentative*. Le pouvoir exécutif est exercé par le *roi* et des *ministres responsables*, et le pouvoir législatif par un *sénat* de 51 membres et une *chambre de représentants* au nombre de 102, élus les premiers pour huit ans et les autres pour quatre ans par les mêmes électeurs.

L'ARMÉE, dont l'effectif en temps de paix n'est que de 30 mille hommes, peut être portée à 100 mille hommes en cas de guerre.

63. CLIMAT. PRODUCTIONS. CHEMINS DE FER. CANAUX. — Le CLIMAT de la Belgique est généralement humide et assez froid, et même peu salubre dans les régions marécageuses du N. O. — Le sol des *Flandres*, d'une grande fertilité et admirablement cultivé, produit en abondance des céréales, du lin, du chanvre, des graines oléagineuses, du houblon, toutes sortes de légumes et des fourrages excellents, qui nourrissent une très-bonne race de chevaux et un nombre considérable de bêtes à cornes. Les provinces orientales, en grande partie sablonneuses, sont presque stériles ; celles du S. E. renferment d'immenses richesses minérales, surtout en houille, fer, zinc, marbres et eaux minérales. Mais c'est surtout par son industrie que la Belgique tient un des premiers rangs entre les États de l'Europe : ses draps, ses toiles, ses dentelles sont célèbres dans le monde entier : il faut y ajouter les étoffes de coton, les produits métallurgiques, les verreries, etc.

Tous ces produits alimentent un immense commerce, favorisé lui-même par le grand nombre de communications intérieures que possède la Belgique, le mieux partagé des Etats du continent sous ce rapport. Ses canaux sont très-multipliés, ses routes passent pour les plus belles de l'Europe, et un système de CHEMINS DE FER, dont *Malines* est le centre, relie entre elles toutes les principales villes et toutes les provinces du royaume, au moyen de quatre grandes lignes, dont la première se dirige à l'O. par *Gand* et *Bruges* sur *Ostende*, l'autre au S. par *Bruxelles* et *Mons* sur la *France*. La troisième à l'E. par *Louvain* et *Liége* sur la *Prusse Rhénane*, et enfin la quatrième au N. par *Anvers* sur la *Hollande*.

De nombreux CANAUX, assez profonds et assez larges pour porter des bâtiments de 2 à 300 tonneaux (1), unissent entre elles les diverses rivières de la Belgique et sillonnent en tous sens ce pays; les principaux sont : — celui de *Gand à Bruges et à Ostende*, avec embranchement sur *Nieuport*, *Furnes* et *Dunkerque*, qui établit la communication entre l'*Escaut* et la mer du Nord par les provinces occidentales du royaume; — le canal de *Gand à Terneuse*, dans les Pays-Bas, qui met la première de ces villes en communication directe avec les embouchures de l'*Escaut*; — celui de *Bruxelles à Mons* et de *Mons à l'Escaut*, alimenté par la *Trouille* et la *Haine*, petites rivières tributaires de l'*Escaut*, que ce canal met aussi en communication avec la *Sambre*, et par conséquent avec la *Meuse*, au moyen d'un embranchement dirigé sur *Charleroi*; — le canal de *Bruxelles au Ruppel*, rivière qu'un autre canal unit avec la *Dyle* à *Louvain*; — enfin le *canal du Nord*, d'*Anvers à Venloo*, ville des Pays-Bas, située sur la Meuse, qui se trouve ainsi jointe à l'Escaut.

QUESTIONNAIRE. — § I. 54. Quelle est la position du royaume de Hollande et son étendue? — 55. Comment se divise ce royaume. — Nommez-en les provinces. — 56. Faites connaître ses villes principales. — 57. Quelle est la population, la langue, la religion, le gouvernement? — 58. Quelles sont les principales colonies hollandaises? — Faites connaître l'armée, la marine, l'industrie et les revenus de la Hollande. — § II. 59. Quelle est la position de la Belgique, son étendue? — 60. Comment se divise-t-elle? — Faites-en connaître les provinces. — 61. Quelles en sont les villes principales? — 62. Quelle est la population, la langue, la religion et le gouvernement? — Quel est l'effectif de l'armée? — 63. Faites connaître le climat et les productions de la Belgique. — Indiquez les canaux et les chemins de fer.

---

(1) Le *tonneau* représente un poids de mille kilogrammes.

SECONDE PARTIE.

ÉTATS SCANDINAVES.

Suède et Norvége. — Danemark (1).

SOMMAIRE.

§ I. 64. La monarchie suédo-norvégienne, la plus septentrionale de l'Europe, est bornée par l'océan Boréal, l'Atlantique, la mer du Nord, le Skager-Rack, la Baltique, le golfe de Bothnie et la Russie.

65. La Suède se divise en 24 læn ou préfectures, réparties en 3 provinces, de Gothie, villes principales Gœteborg et Karlskrona; Svéaland, villes principales Stockholm, capitale du royaume, et Upsal; et Nordland.

66. La Norvége se partage en 3 régions : Sœndenfields, Nordenfields, Nordland, divisées en 5 diocèses et 17 bailliages. Les principales villes sont : Christiania, capitale; Christiansand, Bergen et Drontheim.

67. Le gouvernement est une double monarchie représentative sous un seul souverain. La population, de 5 millions d'hommes, de races gotique et scandinave, est luthérienne.

68. La seule colonie de la monarchie est Saint-Barthélemi aux Antilles. Elle a 160 mille soldats et 450 bâtiments.

69. Le climat est froid, le sol peu productif. Les habitants du Nord tirent grand parti du renne. Tout le pays renferme des mines de fer et de cuivre.

§ II. 70. Le Danemark, composé de plusieurs îles et de la presqu'île du Jutland, est borné par la mer Baltique, les détroits qui unissent cette mer à la mer du Nord (le Sund, Kattegat et Skager-Rack), la mer du Nord et l'Elbe.

71. Le royaume se divise en 7 stifts ou diocèses : 3 dans les îles et 4 dans le Jutland; et 3 duchés : Schleswig, Holstein et Lauenbourg, dont les deux derniers appartiennent à la Conféderation Germanique.

Les principales villes sont : Copenhague, capitale, dans l'île de Sééland; Odensée, dans celle de Fionie; Maribœe, dans celle de Lâaland; Aalborg et Aarhuus, dans le Jutland; Schleswig, dans le Schleswig; Gluckstadt, dans le Holstein, et Lauenbourg, dans le Lauenbourg.

72. La population, descendant des Goths, dépasse 2 millions d'habitants; ils sont luthériens. Le gouvernement est une monarchie représentative.

73. Le Danemark possède les îles Fœroe, plusieurs forts sur la côte de Guinée et le Groenland, l'Islande, et les îles Sainte-Croix et Saint-Thomas, aux Antilles. La marine compte près de 110 bâtiments.

§ I. — SUÈDE ET NORVÉGE.

64. SITUATION ET LIMITES. — La double monarchie SUÉDO-NORVÉGIENNE, la plus septentrionale de l'Europe, composée de

---

(1) Voir, dans l'Atlas de M. Ansart, la carte de SUÈDE, NORVÉGE et DANEMARK.

la Suède à l'E. et de la Norvége à l'O., est comprise entre les 55° et 71° degrés de latitude septentrionale, et entre les 2° et 29° degrés de longitude orientale. — Elle est renfermée dans la grande presqu'île de l'ancienne *Scandinavie*, et bornée au N. par l'océan Boréal ou Glacial Arctique; à l'O. par l'océan Atlantique et la mer du Nord; au S. par le Skager-Rack et la Baltique, et à l'E. par la Baltique, le golfe de Bothnie et la Russie.

La monarchie SUÉDO-NORVÉGIENNE est divisée en deux royaumes : celui de SUÈDE à l'E., et celui de NORVÈGE à l'O., séparés de l'un de l'autre par la longue chaîne de montagnes qui, sous le nom de *Dophrines* ou *Alpes Scandinaves*, parcourent la péninsule du N. au S.—Un grand nombre d'îles sont répandues sur les côtes des deux royaumes.

SUÈDE.

65. GRANDES DIVISIONS ET VILLES PRINCIPALES. ÎLES. — Le royaume de SUÈDE (*Sverige*), qui a environ 3 millions 750 mille habitants, se divise en 24 *læn* ou préfectures, qui portent pour la plupart le nom de leur capitale, et qui sont réparties en trois grandes régions, savoir : le GOETLAND ou Gothie, au S., le SVÉALAND ou Suède propre, au milieu, et le NORDLAND ou pays du Nord, dont le nom indique la position.

Les PRINCIPALES VILLES de la Suède sont :

Au centre dans la SUÈDE PROPRE : STOCKHOLM, sur le détroit qui unit le lac Mœlar à la mer Baltique; grande ville, avec un port très-vaste, capitale du royaume et d'un district particulier (95 mille hab.). — *Upsal* (*Upsala*), au N. O. de Stockholm, célèbre université, archevêché primat du royaume, avec une belle cathédrale, lieu ordinaire du couronnement des rois. — *Veesteras*, au S. O., et *OErebro*, encore plus au S. O., célèbres par les diètes qui s'y sont tenues. — *Dannemora*, bourg au N. d'Upsal, possédant des mines qui produisent le fer le plus renommé pour la fabrication de l'acier.

Au S., dans la GOTHIE : GOETEBORG, à l'O., port de mer à l'embouchure du Gotha, dans le Kattégat, l'une des villes les plus commerçantes de la Suède, et la plus importante après la capitale (29 mille hab.). — *Malmoe* plus au S. encore, port commerçant sur le Sund, chef-lieu du læn de *Malmœhus*. — CARLSCRONA, plus au N. E., sur quelques petites îles de la mer Baltique; chef-lieu du læn de *Bléking* et le principal port militaire du royaume. — *Calmar*, plus au N. E., avec un port et des chantiers de construction; ville forte fameuse par l'acte d'union conclu le 20 juillet 1397, qui unit les trois couronnes de Suède, Norvége et Danemark sous le sceptre de la grande Marguerite. Cette ville est située sur le détroit de son nom, qui est formé d'un côté par le continent et de l'autre par la grande île d'*Aland;* plus à l'E. encore se trouve dans la Baltique l'île de *Gottland*, capitale *Visby*, qui appartient aussi à la Suède. — *Norrköping*, au S. O. de Stockholm, port au fond d'un petit golfe de la Baltique, ville industrieuse, commerçante et bien peuplée, et la principale du læn de *Linköping*, ville située un peu plus au S. O.

Au N., dans le NORDLAND qui comprend la Laponie Suédoise, *Umea*, *Lulea* et *Tornea* à l'embouchure des rivières dont elles portent le nom; la dernière est la ville la plus septentrionale du golfe de Bothnie.

NORVÉGE.

66. GRANDES DIVISIONS ET VILLES PRINCIPALES. — Le royaume de NORVÉGE (*Norge*, à l'O. de celui de Suède, dont le sépare la longue chaîne des Alpes Scandinaves, a environ 1 million 350 mille habitants. Il se divise en 5 diocèses et 17 *œmt* ou bailliages qui se répartissent entre trois grandes régions naturelles, savoir : les SOENDENFIELDS, ou pays au S. des monts Dover-Fied; les NORDENFIELDS, ou pays au N. de ces mêmes montagnes; et le NORDLAND, ou pays du Nord, comprenant toute l'extrémité septentrionale de la péninsule Scandinave.

La Norvége n'a pas de grandes villes; les plus importantes sont :

Dans les SOEDENFIELDS, CHRISTIANIA, au S., ville industrieuse et très-commerçante, avec un port sur la baie d'*Anslo*, située au N. du golfe de Christiania; capitale de toute la Norvége, ainsi que du diocèse et du bailliage d'*Aggershuus*, ainsi nommés de la forteresse d'*Agger*, qui domine la capitale (32 mille hab.). — CHRISTIANSAND, autre port plus au S. O., sur le Kattégat, chef-lieu de diocèse et de bailliage. — *Drammen*, au S. O. de Christiania, port qui fait un grand commerce de planches dites de sapin du Nord et chef-lieu du bailliage de *Buckerud*, où se trouvent de riches mines d'argent avec lequel on bat monnaie à *Kongsberg*, petite ville située un peu plus à l'O.

Dans les NORDENFIELS, BERGEN, plus au N. O. (24 mille

hab.), et DRONTHEIM (*Troßdhiem*), plus au N. E., autres ports très-commerçants au fond des golfes formés par l'Atlantique. Ces deux villes, qui sont toutes deux chefs-lieux de diocèse et de bailliage, ont servi l'une et l'autre de résidence aux anciens rois de Norvége. — *Rœraas*, beaucoup plus au N., au pied du Dover-Field, remarquable par ses importantes mines de cuivre.

Dans le NORDLAND : ALTENGAARD, la ville la plus importante du Nordland. — *Wardœ*, à l'extrémité de la péninsule Scandinave ; elle n'est remarquable que comme la forteresse la plus septentrionale du continent européen.

Tout le long de la côte de cette partie de la Norvége règne un vaste archipel, qui sous le nom d'îles *Helgeland*, au S., *Tromsen* et *Loffoden*, au N., compte un nombre infini d'îles. Entre celles de *Moskenezoë* et celle de *Vaeroë* se trouve le célèbre tourbillon du Malström, qui, dans les mauvais temps, produit un bruit entendu de plusieurs lieues, et quelquefois engloutit les bâtiments qui passent aux environs.

67. GOUVERNEMENTS. POPULATION. RACES ET RELIGIONS. — Les deux royaumes de SUÈDE et de NORVÉGE, réunis en 1814 sous le même souverain, sont l'un et l'autre des *monarchies représentatives* dans lesquelles le pouvoir royal est très-restreint ; elles ont chacune leur constitution distincte et leur assemblée indépendante, appelée *diète*, et composée de 4 chambres en Suède, et *storthing*, composée d'une chambre unique, en Norvége.

Ils renferment ensemble une POPULATION de plus de 5 millions 100 mille habitants, appartenant à la race gothique et à la race scandinave. Ils suivent la RELIGION LUTHÉRIENNE.

68. COLONIES. ARMÉE. MARINE. — La SUÈDE ne possède hors de l'Europe que l'île de *Saint-Barthélemi*, l'une des Antilles, qui lui a été cédée par la France en 1784. — L'ARMÉE SUÉDOISE monte à 144 mille hommes, et l'ARMÉE NORVÉGIENNE à 23 mille. La MARINE suédo-norvégienne compte plus de 450 bâtiments, dont 20 vaisseaux et frégates, avec 17 steamers armés, montés par près de 60 mille matelots.

69. CLIMAT. NOTIONS DIVERSES. — Le CLIMAT de la Suède est généralement froid, et son sol peu productif, si ce n'est vers le S. ; plusieurs des lacs dont elle est remplie ont un aspect agréable. La Norvége est presque tout entière hérissée de montagnes qui produisent en abondance des bois propres à la construction des vaisseaux, et qui sont l'objet d'un grand commerce. Les parties septentrionales, ou *Finmark*, comprennent la partie de la *Laponie* qui appartient au royaume de Norvége.

Cette contrée, où le plus long jour et la plus longue nuit durent trois mois, ne renferme que quelques misérables bourgades. Les habitants de ce pays sont remarquables par leur petite taille et fort superstitieux ; ils tirent un grand parti d'un animal précieux, nommé le *renne*, qui ne peut vivre que dans les régions septentrionales ; ils l'attellent aux traîneaux dont ils se servent pour voyager dans ces contrées couvertes presque toute l'année de neige et de glace ; ils en mangent la chair et en boivent le lait. — La Suède et la Norvége renferment beaucoup de mines de fer et de cuivre ; et même quelques-unes d'or et d'argent.

§ II. — DANEMARK.

70. SITUATION ET LIMITES. MERS ET ILES PRINCIPALES. — Le royaume de DANEMARK (*Danmark*), situé au N. de l'Europe, est compris entre le 53ᵉ degré et le 58ᵉ degré de latitude N., et entre le 5ᵉ degré et le 11ᵉ degré de longitude orientale. — Ce royaume se compose de plusieurs îles importantes (que nous nommerons ci-après, n° 71, avec les villes qui y sont situées), séparées entre elles et du continent par les détroits qui donnent entrée à la mer Baltique ; et de la presqu'île du *Jutland*, entourée à l'O. par la mer du Nord, au N. par le Skager-Back, à l'E. par le Kattégat et le Petit-Belt, et que l'on peut considérer comme se prolongeant au S. jusqu'à l'Elbe, fleuve qui forme ainsi la limite méridionale de la monarchie danoise, qu'il sépare de l'Allemagne.

71. GRANDES DIVISIONS POLITIQUES. CAPITALE. VILLES PRINCIPALES. — Le royaume de DANEMARK est divisé administrativement en 7 *stifts* ou diocèses, et en 3 duchés, subdivisés en *amt* ou préfectures, seigneuries, etc. — Des 7 stifts, 3 sont renfermés dans l'*Archipel Danois*, qui compose le *Danemark* proprement dit, et 4 dans le *Jutland*, qui occupe la partie septentrionale de la péninsule de ce nom ; les 3 duchés sont : celui de *Schleswig*, dans le Jutland méridional, et les deux duchés de *Holstein* et de *Lauenbourg*, qui appartiennent à la *Confédération Germanique*, dont le roi de Danemark est membre comme souverain de ces deux derniers duchés, qui ont leurs constitutions particulières.

ARCHIPEL DANOIS. — Parmi les îles de l'archipel Danois, on en distingue trois principales, savoir : 1° celle de SÉELAND, séparée à l'E. de la Suède par le Sund. Elle renferme : la capitale du royaume, COPENHAGUE, port de guerre et de commerce, chef-lieu du stift de Séeland (130 mille hab.); — ELSE-NEUR ou *Helsingœr*, où l'on payait autrefois au Danemark le droit dû par tous les vaisseaux qui traversaient le Sund (1), dont le passage est défendu par la forteresse de Kronborg; — 2° l'île de FUNEN ou de *Fionie*, séparée de Séeland, à l'E., par le Grand-Belt, et du Jutland, à l'O., par le Petit-Belt; capitale, ODENSÉE, chef-lieu du stift de Funen (9 mille hab.); — l'île de LAALAND, plus au S. E., formant, avec celle de *Falster*, plus à l'E., le stift de Laaland, qui a pour chef-lieu MARIBŒE, dans la première de ces îles.

Parmi les îles moins considérables, on distingue : celle d'*Amack* ou d'*Amager*, sur laquelle est bâti un des quartiers de Copenhague, dont le port est formé par le détroit qui sépare cette île de celle de Séeland; les îles d'*Alsen, Langeland, Femern*, qui font partie du même groupe et celle de *Bornholm*, située beaucoup plus à l'E.

JUTLAND ET SCHLESWIG. — Le Jutland septentrional a pour villes principales : AALBORG, port à l'entrée orientale du *Lwim-Fjord*; — AARHUUS, plus au S., autre port très-commerçant, sur le Kattégat. Ces deux villes sont les chefs-lieux des stifts de leurs noms; — *Viborg*, ville très-ancienne.

Le duché de SCHLESWIG, ou *Sud-Jutland*, a pour capitale SCHLESWIG, au fond du golfe de *Schley* ou *Sli*, formé par la Baltique; ville industrieuse et commerçante, près de laquelle on voit le beau château de *Gottorp*, berceau des ducs de Holstein et résidence du gouverneur général des duchés de Schleswig et de Holstein. — *Flensborg*, plus au N., port très-commerçant, sur un autre golfe de la Baltique, est la ville la plus industrieuse et la plus considérable de tout le Jutland.

HOLSTEIN et LAUENBOURG. — Le duché de HOLSTEIN, compris entre l'Eider, qui le sépare du Schleswig, au N., et l'Elbe au S., est renommé pour ses chevaux. Il a pour capitale : GLUCKSTADT, port franc sur l'Elbe; ses villes principales sont : *Altona*, autre port franc et très-commerçant, aussi sur l'Elbe, mais plus au S. E.; cette ville, la plus importante du Danemark après Copenhague, a 28 mille habitants; — *Kiel*, plus au N., autre port commerçant, à l'entrée du *Canal de Holstein*, dans la mer Baltique; jolie ville qui possède une université.

Le petit duché de LAUENBOURG, à l'extrémité S. E. des États Danois, a pour villes principales : LAUENBOURG, sur l'Elbe, à la

---

(1) Ce péage a été supprimé en 1857 et remplacé par une somme fixe une fois payée par les principales nations maritimes.

jonction du canal de Steckenitz ; elle partage la dignité de capitale avec *Ratzebourg*, située plus au N. E.

72. GOUVERNEMENT. POPULATION. RACES ET RELIGION. CLIMAT. — La POPULATION du Danemark descend en grande partie des Goths qui s'y établirent en chassant les Cimbres, et dépasse 2 millions d'habitants, dont la plus grande partie suit la religion luthérienne. Son GOUVERNEMENT, qui avait été électif et aristocratique jusqu'en 1660, époque à laquelle il devint une monarchie héréditaire et absolue, est, depuis l'année 1834, une *monarchie représentative*. Quatre *assemblées provinciales*, dont les *membres* sont nommés en grande majorité par le peuple et pour un septième environ par le roi, votent les impôts et délibèrent sur les mesures d'intérêt général.

Le sol du Danemark est très-bas, généralement sablonneux, mais assez fertile et recouvert en partie d'excellents pâturages. — La température y est froide et le CLIMAT très-nébuleux et fort humide.

75. COLONIES. MARINE. — Le DANEMARK possède au N. de l'océan Atlantique et des îles Britanniques, le groupe des îles FOEROE, qui appartient à l'Europe, quoique compris dans le gouvernement de l'*Islande*, île qui dépend de l'Amérique. — Les Fœroë, au nombre de 35, dont 17 sont habitées, renferment environ 6 mille habitants. La principale est STROMOEE, au centre, qui a pour capitale THORSHAVN, la seule ville de tout le groupe.

Le Danemark possède hors de l'Europe des territoires trois fois plus étendus que ceux qui y sont compris, puisqu'on les évalue à 1,600 mille kilomètres carrés, mais leur population, qui atteint à peine 190 mille âmes, est loin de répondre à cette étendue. — Ces possessions sont :

En AMÉRIQUE : l'*Islande*, pays froid et stérile, remarquable par les éruptions volcaniques du mont Hécla et par ses nombreuses sources d'eau chaude ; capitale REIKIAVIK. — La grande terre du *Groenland*, dont les villes sont : GOETHAAB capitale des établissements, et *Julianeshaab*, ports sur la mer des Eskimaux, et *Upernavieck*, bien plus au N. sur la mer de Baffin. — Les îles de *Sainte-Croix* et de *Saint-Thomas* (dans les *Antilles*).

La MARINE militaire du Danemark, à laquelle la garde du Sund donne de l'importance, comprend près de 110 bâtiments, dont 17 vaisseaux et frégates, avec 6 steamers armés, montés par près de 20 mille matelots.

QUESTIONNAIRE. — § I. 64. Quelles sont la position et les limites de la monarchie Suédo-Norvégienne ? — 65. Comment se divise la Suède ?

— Quelles en sont les villes principales? — 66. Comment se divise la Norvége, et quelles en sont les villes principales? — 67. Quels sont le gouvernement, la population, la religion? — 68. Faites connaître la force de l'armée et de la marine. — Quelle colonie possède la Suède? — 69. Faites connaître le climat et les productions de la Suède et de la Norvége. — § II. 70. Quelle est la position du royaume de Danemark? — De quoi se compose cet Etat? — Quels détroits sont formés sur les côtes? — 71. Comment est divisé ce royaume? — Faites connaître les îles et les villes remarquables de l'Archipel Danois... les provinces de terre ferme et leurs villes principales. — 72. Quelle est la population? — Quelle est la religion de l'Etat... le gouvernement? — 73. Quelles sont les possessions lointaines du Danemark? — Quelle est sa marine?

CHAPITRE SEPTIÈME.

RUSSIE. — POLOGNE (1).

SOMMAIRE.

§ I. 74. L'empire russe occupe tout le N. de l'Europe et de l'Asie, ainsi que le N. O. de l'Amérique. La Russie d'Europe a pour ses limites l'Océan Glacial; la Suède, la mer Baltique, la Prusse et l'Autriche; la Turquie, la mer Noire, le Caucase et la mer Caspienne, le fleuve Oural et le fleuve Kara.

75. La Russie proprement dite est divisée en 58 gouvernements, dont 16 dans le versant océanique et baltique, 33 dans le versant méditerranéen, et 9 formés des anciennes provinces polonaises.

76. Les villes principales sont dans le versant océanique et baltique : Saint-Petersbourg, capitale de l'empire; Kronstadt, Abo, Riga, et Arkhangel; dans le versant méditerranéen : Moskou, Vladimir, Kasan, Kiev, Nijm-Novgorod, Odessa et Astrakan; dans les provinces polonaises : Vilna, Grodno, Mohilev.

77. Le gouvernement est une *autocratie* absolue et héréditaire, même par les femmes. Le servage n'est qu'en partie aboli.

78. La population est de plus de 60 millions d'habitants partagés en 8 souches, qui sont : les souches slave (pour les 4/5), lettonne, finnoise, allemande, tartare, caucasienne, juive et mongole.

79. On compte 47 millions de Grecs, dont 4 millions seulement ne sont pas schismatiques, 6 millions de catholiques, 3 millions de protestants, et le reste, juifs, mahometans et idolâtres.

§ II. 80. Le royaume de Pologne actuel, incorporé à la Russie, est entouré au N. et à l'E. par la Russie, au S. par l'Autriche, à l'O. par la Prusse.

---

(1) Bien que le programme place la Russie après la Turquie, nous la mettons ici parce qu'ayant indiqué cet Etat comme faisant partie de l'Europe du Nord, nous devons le placer à côté des autres Etats du Nord.

81. On le divise en 5 gouvernements, qui portent, à l'exception d'un, le nom de leur capitale. La capitale est Varsovie ; les villes principales : Kalisz, Lublin, Plock.

82. La population est de près de 5 millions d'habitants, dont près de 500 mille juifs. La Pologne est administrée pour la Russie par un gouverneur assisté d'un conseil.

§ III. 83. La Russie possède : en Asie, la Sibérie et la Transcaucasie ; en Amérique, la partie N. O. du continent et les îles voisines.

84. L'armée est de 800 mille hommes ; la marine a 40 vaisseaux et 50 frégates. Les revenus sont de 450 millions.

85. L'étendue du territoire, la force militaire, les richesses minérales et agricoles ; enfin un climat meurtrier pour une armée envahissante, constituent les éléments de puissance de l'empire russe.

§ I. — RUSSIE (1).

74. SITUATION ET LIMITES. POSITION. ÉTENDUE. — L'immense empire de RUSSIE (*Rossia*) occupe, tant en Europe qu'en Asie, tout le N. de l'ancien continent, et, de plus, toute la partie N. O. du nouveau continent. — Il embrasse dans ses vastes possessions près de 19,400,000 kilomètres carrés, c'est-à-dire plus de 37 fois la superficie de notre France, et plus de la septième partie de la terre habitable, dont il est ainsi l'État le plus étendu ; mais sa faible population relative atteint à peine 10 habitants par kilomètre carré en Europe, 3 en Asie, et bien moins encore en Amérique ; de sorte que l'immensité même de ses possessions, peu favorisées d'ailleurs sous le rapport du climat, est pour la Russie un embarras plutôt qu'un élément de force et de puissance.

Nous ne nous occuperons ici, avec détail, que de la *Russie d'Europe* en particulier et de la *Pologne* (*Polska*), qui y est réunie en grande partie, depuis la fin du siècle dernier.

La RUSSIE D'EUROPE, appelée autrefois *Moskovie*, du nom de son ancienne capitale, est comprise entre le 38° degré et le 81° degré de latitude N., entre le 17° degré et le 62° degré de longitude E. — Elle a pour limites, au N., l'océan Boréal ou Glacial Arctique ; à l'O. la Suède, le golfe de Bothnie, la mer Baltique, la Prusse et les États de l'empereur d'Autriche ; au S., la Turquie d'Europe, la mer Noire, le Caucase et la mer Caspienne, et à l'E., le fleuve Oural, les monts Ourals ou Poyas et le fleuve Kara, qui la séparent de la Russie d'Asie. Elle a 2,920 kilomètres de long sur 1,600 de large, et près de 5,450,000

---

(1) Voir dans l'atlas de M. Ansart la carte de RUSSIE et POLOGNE.

kilomètres de superficie, dont une grande partie est couverte de bois et de marais.

75. GRANDES DIVISIONS POLITIQUES. — La RUSSIE, sans y comprendre le *royaume de Pologne*, que nous décrirons séparément (n°s 80 et suiv.), se compose de trois parties distinctes : 1° l'EMPIRE DE RUSSIE PROPREMENT DIT, qui comprend les provinces de l'ancienne Pologne incorporées à l'empire à la suite des partages de 1772, 1793 et 1795; 2° le GRAND-DUCHÉ DE FINLANDE (en langue finnoise *Souomi*, conquis sur la Suède depuis 1809); 3° les PROVINCES SEPTENTRIONALES DU CAUCASE. Ces provinces se subdivisent en 57 grands gouvernements, qui portent pour la plupart le nom de leurs capitales, et qui peuvent être répartis en 4 grandes divisions.

1° Ceux qui sont situés sur le *versant océanique et baltique*, au nombre de 16, savoir : ceux de Livonie, Esthonie, Saint-Pétersbourg, Pskov, Novgorod, Viborg, Nyland, Abo, Vasa, Uléoborg, Kuopio, Tavestchus, Kymmengard, Olonetz, dans le bassin maritime de la Baltique, — Archangelsk et Vologda, dans le bassin de l'océan Boréal; — 2° ceux qui se trouvent sur le *versant Méditerranéen*, au nombre de 14 : Bessarabie, Smolensk, Tchernigov, Koursk, Kiev, Poltava, Iékatérinoslav, Kherson, Tauride, dans le bassin de la mer Noire; Toula, Voronej, Kharkov, Cosaques du Don, Cosaques de la mer Noire, dans le bassin de la mer d'Azof; — 3° ceux qui se trouvent sur le *versant de la mer Caspienne*, au nombre de 19 : Tver, Jaroslav, Kostroma, Nijni-Novgorod, Kasan, Saratov, Simbirsk, Astrakhan, Orel, Kalouga, Moscou, Vladimir, Riazan, Tambov, Penza, Perm, Viatka, Orenbourg, enfin Circassie et Daghestan; — 4° ceux, au nombre de 9, qui ont été formés des *provinces du royaume de Pologne*, assignées à la Russie par suite des divers démembrements de ce royaume : Courlande, Vilna, Grodno, Bialystock, Vitebsk, Minsk, Mohilev, Volhynie, Podolie.

Il faut rattacher à la Russie les îles d'*Aland* dans la mer Baltique, celles de *Dago* et *OEsel* à l'entrée du golfe de Livonie, et dans la mer Glaciale, les grandes terres nommées *Nouvelle-Zemble*, *Spitzberg*, et *Vaigatch*.

76. CAPITALES, VILLES PRINCIPALES. — VERSANT OCÉANIQUE ET BALTIQUE. — Les PRINCIPALES VILLES situées sur le versant de l'océan Glacial et de la mer Baltique sont : SAINT-PÉTERSBOURG, à l'embouchure de la *Néva*, dans le golfe de Finlande, capitale de l'empire et l'une des plus belles villes du monde, fondée par Pierre le Grand en 1703; vaste port très-commerçant (470 mille habitants).

CAPITALE. — VILLES PRINCIPALES.

et KRONSTADT, un peu plus à l'O., construit par Pierre le Grand sur une petite île, au fond du golfe de Finlande, pour être la citadelle et le port militaire de Saint-Pétersbourg, ainsi que le grand arsenal maritime de l'empire (40 mille hab.) — *Novgorod la Grande*, déchue de son ancienne splendeur. — ABO, entre les golfes de Bothnie et de Finlande, vis-à-vis de l'archipel qui porte son nom, ancienne capitale, et encore aujourd'hui la ville la plus importante du grand-duché de *Finlande*, ancienne province suédoise, dont une partie fut cédée à la Russie en 1721, et le reste conquis en 1808. — *Helsingfors* et *Sweaborg*, ports situés plus à l'E., sur le golfe de Finlande, arsenal maritime défendu par d'immenses fortifications. — RIGA, située sur le golfe de *Livonie*, ainsi nommé de la province dont Riga est la capitale, et qui fut conquise sur les Suédois par Pierre le Grand, après la victoire qu'il remporta à *Pultava*, dans la Russie centrale; port très-commerçant (60 mille hab.). — ARKHANGEL, port sur la mer Blanche, à l'embouchure de la Dvina septentrionale; entrepôt de commerce du nord de la Russie.

VERSANT MÉDITERRANÉEN. — Les PRINCIPALES VILLES du versant de la Méditerranée sont : ODESSA, au S. de Kiev, port sur la mer Noire, un des plus commerçants de l'Europe. — KIEV, au N. E., sur le Dniepr, une des villes les plus considérables de la Russie. — *Smolensk*, sur le Dniepr, ville très-commerçante, prise par les Français en 1812. — *Toula*, sur le Don, célèbre manufacture d'armes. — *Kaffa*, près de la mer Noire, dans le gouvernement de Tauride, qui renferme la presqu'île de *Crimée*, jointe au continent par l'isthme de *Pérékop*, sur lequel se trouve la ville de ce nom. — *Sévastopol*, sur la côte S. O. de la Crimée, l'un des grands arsenaux maritimes de l'empire, pris en 1855, après un siége de près d'une année, par les armées réunies de la France, de l'Angleterre, de la Turquie et de la Sardaigne.— *Nicolaief*, autre arsenal maritime fort important sur le Bug et l'Ingoul. — *Taganrog*, petit port sur la mer d'Azof, où l'empereur Alexandre Ier est mort en 1825. — MOSCOU (*Moskva*), ancienne capitale de la Russie, brûlée par les Russes, en 1812, au moment de l'entrée des troupes françaises, et aujourd'hui plus régulièrement rebâtie; ville très-industrieuse et très-commerçante (350 mille hab.). — VLADIMIR, au N. E. de Moscou, ancienne résidence des grands-ducs de Russie. — KAZAN, au S. E. de la précédente, capitale d'un ancien royaume tartare, conquis en 1552. — NIJNI-NOVGOROD, où se tient une foire immense.

VERSANT DE LA MER CASPIENNE. — Sur le versant de la mer

Caspienne, on distingue : ASTRAKHAN, dans une île du Volga, à l'embouchure de ce fleuve, l'une des villes les plus considérables de la Russie, et fort importante par le grand commerce qu'elle fait avec la Perse et tout l'Orient. — DERBEND, capitale du Daghestan, ville forte sur la mer Caspienne.

PROVINCES POLONAISES UNIES A L'EMPIRE. — LES PRINCIPALES sont : VILNA, ville riche et commerçante, ancienne capitale du grand-duché de *Lithuanie*. — *Grodno*, au S. O. de Vilna, et où se tenaient autrefois les diètes polonaises. — MOHILEV, sur le Dniepr, au S. E. de Vilna, ville forte et très-marchande, célèbre par une victoire remportée sur les Russes par les Suédois en 1707. — A environ 85 kilomètres à l'O. de cette ville coule la *Bérésina*, tristement fameuse par le désastre que les Français éprouvèrent sur ses bords, en 1812, dans la malheureuse retraite de Moscou.

77. GOUVERNEMENT. — Le GOUVERNEMENT de la Russie, qui embrasse tout l'empire et même le royaume de Pologne, est un gouvernement absolu ou une *autocratie*. Le souverain ou *tzar* possède une autorité à peu près sans limite en matière politique et même en matière religieuse (n° 79); il porte le titre d'*Empereur et Autocrate de toutes les Russies, Tzar de Pologne et Grand-Prince de Finlande*. La couronne est héréditaire même pour les femmes. Depuis Pierre le Grand, la civilisation, favorisée par les souverains de ce vaste empire, s'y est introduite rapidement dans les hautes classes; une portion des habitants, dont la presque totalité étaient serfs, a reçu la liberté. Toutefois, la civilisation n'a pas pénétré encore parmi le peuple des campagnes, qui vit dans une ignorance grossière.

78. POPULATION. RACES. — La POPULATION de la Russie d'Europe, qui dépasse 62 millions et demi d'habitants, appartient à des races très-nombreuses et très-variées, formant près de cent peuples divers, et pouvant se diviser en 8 souches principales, savoir : 1° la souche *Slave*, qui compose les quatre cinquièmes de la population de l'empire, et habite entre les Karpathes et l'Oural, les *Poles* ou *Polonais* en font partie; 2° la souche *Lettone* sur les bords de la Baltique; 3° la souche *Finnoise*, comprenant les *Lapons* au N. de l'empire; 4° la souche *Allemande*, répandue dans les provinces de la Baltique et enclavée dans le S.; 5° la souche *Tatare*, du Dniestr à la Caspienne; 6° la souche *Caucasienne*, au S., dans la chaîne du Caucase; 7° la souche *Juive*, répandue en Pologne; 8° la race *Mongole*, composée de tribus errantes à l'O. du Volga.

79. RELIGIONS. — La population de la Russie se partage

de la manière suivante entre diverses RELIGIONS : 47 millions professent la religion grecque (4 millions seulement ne sont pas schismatiques), qui est la religion de l'empire ; 6 millions sont catholiques, 3 millions protestants, et le reste se compose de juifs, de mahométans, d'idolâtres, etc. — L'empereur est le chef suprême de la religion, bien qu'il délègue l'exercice de son autorité spirituelle à un conseil appelé le *Saint-Synode*, qui siége à Saint-Pétersbourg.

§ II. — ROYAUME DE POLOGNE.

80. SITUATION ET LIMITES. — La POLOGNE (*Polska*, pays plat), qui forma longtemps un des plus puissants royaumes de l'Europe, fut, à la suite de longues dissensions intestines, démembrée en 1772, 1793 et 1795, par la Russie, la Prusse et l'Autriche, qui s'en partagèrent les provinces. Reconstituée en 1807, par l'empereur Napoléon Ier, sous le nom de *grand-duché de Varsovie*, elle a repris en 1815 le nom de *royaume de Pologne*; mais ce petit royaume, qui fait partie intégrante de l'empire de Russie, ne conserve pas la sixième partie de son ancienne étendue (125,500 kilomètres carrés au lieu de 800 mille). Il est entouré au N. et à l'E. par la Russie, au S. par l'empire d'Autriche, et à l'O. par la Prusse.

81. GRANDES DIVISIONS POLITIQUES. CAPITALE ET VILLES PRINCIPALES. — Le royaume de POLOGNE est divisé depuis l'année 1844 en 5 gouvernements ou *voiévodies*, qui, à l'exception d'une seule, portent les noms de leurs capitales.

Les PRINCIPALES VILLES sont : VARSOVIE ou, comme l'appellent les Polonais, *Varszawa*, capitale du royaume et de la voiévodie de son nom, archevêché ; sur la rive gauche de la Vistule, mais communiquant par un pont de bateaux avec le faubourg fortifié de *Praga*, situé sur la rive droite. Elle est elle-même défendue et commandée par une formidable citadelle (150 mille habit.). — KALISZ, au S. O. de Varsovie et dans la même province, la seconde ville du royaume par son industrie et par sa population. — *Lublin*, au S. E., chef-lieu de voiévodie, évêché, ville industrieuse et commerçante. — *Plock*, ville commerçante ; *Suvalki*, et *Radom*.

82. POPULATION. RACES ET RELIGIONS. — La POPULATION de la Pologne est d'environ 5 millions d'habitants (1), de races

---

(1) Comprise plus haut dans celle de la Russie, n° 78.

Slaves et Allemandes, dont la grande majorité professait la religion catholique avant les mesures politiques employées, il y quelques années, par le gouvernement russe, pour faire prévaloir la religion grecque. On compte près de 500 mille israélites dans ce pays, qui était appelé le *paradis des Juifs* avant les mesures violentes prises contre eux par le gouvernement russe. Le royaume de Pologne, placé en 1815 sous la souveraineté de l'empereur de Russie, fut alors constitué en monarchie représentative, distincte de l'empire Russe, et gouvernée au nom de l'empereur par un vice-roi, avec un sénat et une chambre des députés. Jalouse de recouvrer son indépendance nationale, et consultant moins ses forces que son courage, la Pologne, a tenté, à la fin de 1830, de se soustraire au joug étranger; après une lutte sanglante, dans laquelle elle s'est illustrée au plus haut point par son patriotisme et sa bravoure, mais que l'extrême disproportion de ses ressources a fini par lui rendre fatale, elle a été soumise de nouveau. Bien que déclarée partie intégrante de l'empire Russe en 1845, elle conserve pourtant encore une administration particulière, dirigée par un gouverneur assisté d'un conseil.

83. Statistique de la Russie. Colonies. Possessions lointaines. — La Russie ne possède pas de colonies proprement dites, si toutefois l'on ne veut donner ce nom à ses possessions en Asie et en Amérique. La Russie d'Asie se divise en deux parties : la *Sibérie* et la *Transcaucasie*; l'une occupe tout le N. de l'Asie, l'autre les pays entre la mer Noire et la Caspienne, au S. du Caucase et au N. de la Perse. — Le N. O. de l'Amérique du Nord fait également partie de l'empire Russe, mais ce pays est désert, et il n'y a, à proprement parler, que les côtes et quelques îles occupées par les Russes.

84. Armée. Marine. Revenus. — L'armée russe s'élève en temps de paix au chiffre de 800 mille hommes, pour atteindre sur le papier, en temps de guerre, le total énorme de 2 millions 200 mille hommes avec 26 mille bouches à feu, dont à peine moitié sont sous les drapeaux. La marine, depuis que la guerre a détruit (1855) la flotte de la mer Noire, ne compte plus qu'environ 40 vaisseaux et 50 frégates, plus un grand nombre de bâtiments légers. Les revenus de l'empire atteignent environ 450 millions de francs. Le crédit joue un faible rôle dans le système financier de la Russie. La dette ne se monte qu'à environ 3 milliards.

85. Éléments de puissance de l'empire Russe. — La prodigieuse étendue de l'empire Russe, sa puissance militaire colossale, sa vigoureuse organisation intérieure et son gouvernement absolu, lui ont assigné un grand rôle dans les destinées de l'Europe. Des ressources immenses sont mises sans obstacle et sans résistance au service d'une politique qui, depuis Catherine II, a tendu invariablement au développement des frontières méridionales de la Russie, et qui semblait, jusque dans ces derniers temps (1854-56), se proposer la possession de Constantinople comme but suprême de ses efforts. Enrichi par les trésors que produisent les mines nombreuses des monts Ourals et par le commerce des céréales, que produisent en abondance les provinces voisines de la mer Noire, cet empire voit chaque jour augmenter sa force et sa population (1). Il n'est même pas jusqu'à son climat qui, rendant une invasion mortelle pour l'étranger, au milieu de plaines immenses, souvent désertes, et que l'hiver couvre d'une neige épaisse, ne soit une arme et une défense redoutable pour les Russes.

QUESTIONNAIRE. — §. 74. Quelle est la position géographique et l'étendue de l'empire de Russie et spécialement de la Russie d'Europe? — Quelles sont ses limites? — 75. Comment se divise la Russie? — Combien de gouvernements contient chaque versant? — Combien ont été formés par les provinces polonaises? — 76. Quelles sont les villes principales du versant océanique et baltique?... du versant méditerranéen?... du bassin de la mer Noire?... de celui de la mer d'Azof?... du bassin de la mer Caspienne?... des anciennes provinces polonaises? — 77. Quel est le gouvernement de la Russie? — 78. Quelle est la population de l'empire Russe? — A quelles races appartiennent les différents peuples qui habitent la Russie? — 79. Quelle est la religion dominante? — Quel est le nombre des sectateurs des autres cultes? — § II. 80. Quelles sont les limites de la Pologne? — En quelles années eurent lieu les partages de la Pologne et ses essais de réorganisation? — 81. En combien de gouvernements est-elle divisée, et quelles en sont les villes principales? — 82. Quelle est la population de la Pologne et comment est-elle gouvernée? — 83. Quelles sont les possessions russes hors de l'Europe? — 84. Faites connaître l'armée et la marine de l'empire Russe? — Quels sont ses revenus? — 85. Faites connaître les éléments de puissance de l'empire Russe.

---

(1) D'après les derniers recensements :

La Russie d'Europe a.	56,000,000 hab.
La Pologne russe.	5,000,000
La Finlande.	2,000,000
Le Caucase.	3,000,000
La Sibérie.	4,000,000
L'Amérique russe.	800,000
Total.	70,800,000

CHAPITRE HUITIÈME.

CONFÉDÉRATION GERMANIQUE.

SOMMAIRE.

86. L'Allemagne est bornée par la France, la Belgique, les Pays-Bas; la mer du Nord, le Danemark et la mer Baltique; la Russie et la Pologne; la Suisse, l'Italie et la Turquie.
87. Elle se divise en trois parties : 1° les États compris en entier dans la Confédération Germanique avec les provinces danoises et hollandaises qui en font partie; 2° la Prusse; 3° l'Autriche.
88. La Confédération Germanique a pour limites la mer Baltique, le Schleswig, la mer du Nord, les Pays-Bas, la Belgique, la France et la Suisse, les provinces de l'Autriche non comprises dans la Confédération, la Pologne, la Russie et la Prusse royale. La population est de 43 millions d'habitants, dont 36 millions de la race teutonique et le reste Slaves, juifs et grecs.
89. La Confédération est formée de 40 États, administrés par une diète réunie à Francfort-sur-le-Mein, ayant ensemble 69 voix. Sur ces 40 États, plusieurs sont décrits avec la Hollande, le Danemark, la Prusse ou l'Autriche, dont ils font partie.
90. Le royaume de Hanovre, composé de plusieurs provinces séparées, est borné par le Danemark, la mer du Nord, les Pays-Bas, la Hesse-Cassel, la Prusse; le Brunswick le borne aussi à l'E. Population, 1 million 800 mille habitants, en grande majorité luthériens; gouvernement absolu; 7 provinces; capitale, Hanovre.
91. Grand-duché d'Oldenbourg, 3 territoires dont le principal est enclavé dans le Hanovre. Population de 272 mille habitants; gouvernement absolu; capitale, Oldenbourg. — Seigneurie de Kniphausen, 3,000 habitants; capitale, Kniphausen. — Duché de Brunswick, composé de 5 territoires enclavés dans le Hanovre et la Prusse; 269 mille habitants; gouvernement représentatif; capitale, Brunswick. — Principautés de Lippe, enclaves du Brunswick et du Hanovre. — Principauté de Waldeck, enclave des précédentes.
92. Grands-duchés de Mecklembourg : 2 duchés au S. de la mer Baltique. — Schwérin, à l'O.; 500 mille habitants; capitale, Schwérin. — Strélitz, à l'E.; 88 mille habitants; capitale, Strelitz.
93. Principauté de Hesse-Cassel, au S. de la Prusse et du Hanovre; 722 mille habitants; deux tiers protestants; monarchie représentative; capitale, Cassel. — Grand-duché de Hesse-Darmstadt, au S. O. du précédent; 793 mille habitants, dont trois quarts protestants; monarchie représentative; capitale, Darmstadt. — Landgraviat de Hesse-Hombourg, enclavé dans les précédents. — Duché de Nassau, borné par la Prusse et la Hesse-Darmstadt; 400 mille habitants, moitié protestants et moitié catholiques; gouvernement représentatif; capitale, Wiesbaden.

94. Grand-duché de Bade, au S. de la Hesse-Darmstadt, borné au S. et à l'O. par le Rhin; 1 million 400 mille habitants, deux tiers catholiques; monarchie représentative; 4 provinces; capitale, Karlsruhe.

95. Royaume de Wurtemberg, borné par le grand-duché de Bade et la Bavière; 1 million 800 mille habitants luthériens; monarchie représentative; capitale, Stuttgard.

96. Royaume de Bavière, borné par la Saxe, la Hesse, le Wurtemberg et les Etats Autrichiens. Il possède, à gauche du Rhin, une province limitrophe de la France; 4 millions 500 mille habitants catholiques; monarchie représentative; capitale, Munich. — Principauté de Lichtenstein, à l'O., cap. Vaduz.

97. Duchés de Saxe. — 4 duchés à l'E. du Brunswick et de la Hesse: Saxe-Weimar, 246 mille habitants. — Saxe-Cobourg-Gotha, 140 mille habitants. — Saxe-Meiningen-Hildburghausen, 149 mille habitants. — Saxe-Altenbourg, 122 mille habitants. — Au milieu de ces duchés sont enclavés: 1° les 2 principautés de Schwarzbourg-Rudolstadt et Sondershausen; 2° les 3 principautés de Reuss; 3° les 3 principautés d'Anhalt

88. Royaume de Saxe, entre la Prusse, la Saxe ducale, la Bohême; 1 million 800 mille habitants luthériens; gouvernement représentatif; capitale, Dresde.

99. Les villes libres sont: Francfort-sur-le-Mein, Brême-sur-le-Véser, Hambourg-sur-l'Elbe et Lubeck-sur-la-Trave.

§ I. — ALLEMAGNE.

86. SITUATIONS ET LIMITES. — L'ALLEMAGNE (*Deutschland*) est cette grande région qui comprend toute la partie centrale de l'Europe, comprise entre la France, dont elle est séparée par le Rhin, la Belgique et les Pays-Bas, à l'O.; la Pologne et l'empire de Russie, à l'E.; la mer du Nord, le Danemarck et la mer Baltique, au N.; et la Suisse, l'Italie, dont la séparent les Alpes et la Turquie d'Europe, au S.

87. GRANDES DIVISIONS POLITIQUES. — Cette vaste contrée se divise, sous le rapport politique, en trois grandes parties principales, savoir: 1° Les *Etats compris tout entiers dans la Confédération Germanique*, avec les provinces du *Danemark* et des *Pays-Bas* qui y sont annexées; 2° le royaume de *Prusse*, et 3° l'empire d'*Autriche*, qui ont une partie de leurs provinces comprises dans la Confédération Germanique, et une autre partie placée en dehors de cette même Confédération. Nous ne nous occuperons ici que des Etats qui sont compris tout entiers dans cette Confédération, les provinces de la Confédération appartenant à des Etats qui n'y sont pas compris en entier, étant décrites avec ces Etats eux-mêmes.

88. LIMITES DE LA CONFÉDÉRATION GERMANIQUE. — POPULATION. GOUVERNEMENT. ARMÉE. — Les pays compris

dans la Confédération Germanique ont pour limites : au N., la mer Baltique, la province danoise du Schleswig et la mer du Nord; à l'O., les Pays-Bas, la Belgique, la France et la Suisse; au S., les provinces italiennes et allemandes de l'empire d'Autriche non comprises dans la Confédération, et à l'E. les provinces polonaises des empires d'Autriche et de Russie, et du royaume de Prusse avec l'ancienne Prusse Royale. Tous ces pays comprennent, ainsi que le montre le tableau ci-après, une population totale d'environ 43 millions d'habitants, dont 36 millions environ appartiennent à la famille teutonique, 6 millions à la famille slave, 320 mille à la race juive, et le surplus aux familles latine, grecque, etc.

La CONFÉDÉRATION GERMANIQUE, formée d'une réunion de 40 Etats unis pour la sûreté commune, est administrée par une *diète fédérative* siégeant à *Francfort-sur-le-Mein*. Cette assemblée, présidée par l'Autriche, se compose de 17 membres, pour toutes les affaires ordinaires, et de 69 membres, parmi lesquels chacun des Etats est représenté en proportion de son importance pour les affaires qui touchent aux lois fondamentales. Les Etats de Confédération contribuent à sa force militaire dans la proportion de leur population : 1 homme par 100 habitants pour le service actif, et 1 sur 300 pour la réserve. L'armée présente un effectif de 300 mille hommes.

89. TABLEAU DES ETATS DE LA CONFÉDÉRATION GERMANIQUE. — Le tableau ci-contre indique quel rang chacun des États allemands occupe dans la Confédération, et dans quelle proportion il est représenté dans l'une et l'autre diète.

Des 40 Etats mentionnés dans le tableau ci-contre, ceux qui font partie des royaumes de *Danemark* et des *Pays-Bas* ont déjà été décrits avec ces royaumes; ceux qui appartiennent à la *Prusse* et à l'*Autriche* le seront avec cette monarchie; il ne nous reste donc à décrire ici que les 36 autres Etats. Nous le ferons en proportionnant les détails à leur importance, et en procédant géographiquement du N. au S. et de l'O. à l'E.

90. I. ROYAUME DE HANOVRE. — BORNES. POPULATION. RELIGION. GOUVERNEMENT. DIVISIONS. VILLES PRINCIPALES. — Le royaume de HANOVRE (*Hannover*), situé au N. O. de l'Allemagne, est composé de provinces séparées les unes des autres par divers Etats et entourées au N. par le Danemark et la mer du Nord, à l'O. par les Pays-Bas, au S. par la Hesse-Cassel et la Prusse, qui, avec le Brunswick, les bornent aussi à l'E. — Il compte environ 1 million 800 mille habitants, dont 1 million 580 mille luthériens et 213 mille catholiques. — Ce pays, qui

TABLEAU

DES ÉTATS DE LA CONFÉDÉRATION GERMANIQUE.

NOM DES ÉTATS D'APRÈS LEUR RANG A LA DIÈTE.	Voix a la diète.	Superficies en kilomet. carrés.	Population.
(1) I 1 Empire d'Autriche................	4	196,735	11,714,000
II 2 Royaume de Prusse................	4	184,965	12,466,000
III 3 Royaume de Bavière..............	4	76,890	4,300,000
IV 4 Royaume de Saxe.................	4	14,960	2,000,000
V 5 Royaume de Hanovre..............	4	38,335	1,800,000
VI 6 Royaume de Wurtemberg...........	4	19,910	1,800,000
VII 7 Grand-duché de Bade.............	3	15,180	1,400,000
VIII 8 Grand-duché de Hesse-Cassel.....	3	10,010	721,500
IX 9 Grand-duché de Hesse-Darmstadt...	3	8,415	800,000
10 Landgraviat de Hesse-Hombourg....	1	275	23,500
X 11 Duchés de Holstein et de Lauenbourg..	3	9,625	477,000
XI 12 Gr.-duchés de Luxembourg et de Limbourg.	3	4,895	332,000
XII 13 Grand-duché de Saxe-Weimar......	1	3,685	246,000
14 Duché de Saxe-Cobourg-Gotha......	1	2,090	140,000
15 Duché de Saxe-Meiningen et Hildburghausen	1	2,420	149,000
16 Duché de Saxe-Altenbourg.........	1	1,320	122,000
XIII 17 Duché de Brunswick.............	2	3,960	269,000
18 Duché de Nassau.................	2	4,675	400,000
XIV 19 Grand-duché de Mecklembourg-Schwérin..	2	12,540	500,000
20 Grand-duché de Mecklembourg-Strélitz..	1	2,585	88,000
XV 21 Grand-duché d'Oldenbourg et Seigneurie de Kniphausen.................	1	6,270	275,000
22 Duché d'Anhalt-Dessau............	1	825	61,500
23 Duché d'Anhalt-Bernbourg.........	1	770	47,000
24 Duché d'Anhalt-Kœthen...........	1	660	40,000
25 Principauté de Schwarzbourg-Sondershausen	1	825	56,000
26 Principauté de Schwarzbourg-Rudolstadt...	1	880	66,000
XVI 27 Principauté de Hohenzollern-Hechingen (2).	1	330	20,000
28 Principauté de Hohenzollern-Sigmaringen (3)	1	715	45,000
29 Principauté de Lichtenstein........	1	165	6,500
30 Principauté de Waldeck...........	1	1,210	56,500
31 Principauté de Reuss-Greitz.......	1	385	31,500
32 Principautés de Reuss-Schleitz et de Reuss-Lobenstein-Ebersdorf........	1	770	72,000
33 Principauté de Schauenbourg-Lippe..	1	550	27,500
34 Principauté de Lippe-Detmold......	1	1,155	83,000
XVII 35 Ville libre de Lubeck............	1	330	47,000
36 Ville libre de Francfort-sur-le-Mein...	1	110	64,500
37 Ville libre de Brême.............	1	275	53,000
38 Ville libre de Hambourg...........	1	385	153,500
En tout 40 États.	69	652,080	43,156,500

(1) Les chiffres romains indiquent la répartition des voix à la diète de 17 membres. Plusieurs États sont souvent réunis pour une seule voix.

(2, 3) Ces deux États sont unis à la Prusse (n° 76).

DESCRIPT. PARTICULIERE DE L'EUROPE.

a eu pendant plus d'un siècle les mêmes souverains que l'Angleterre, et qui jouissait alors du gouvernement représentatif, a recommencé, en 1837, à avoir un roi particulier qui a substitué, en 1838, le pouvoir absolu aux formes constitutionnelles.

Le HANOVRE est divisé en 7 provinces ou districts, dont les chefs-lieux sont : — HANOVRE (*Hannover*), vers le S. E., sur la *Leine*, affluent de l'*Aller*, et sur le chemin de fer de Cologne à Magdebourg, capitale du royaume et de l'ancienne principauté de *Kalenberg ;* ville industrieuse et très-commerçante (39 mille hab.).

OSNABRUCK, plus au S. O., siége d'un évêché catholique, autrefois souverain, érigé par Charlemagne; remarquable par ses fabriques de draps, ses importants marchés de toiles, et par le célèbre traité de Westphalie, qui y fut conclu en 1648, entre les Suédois et l'empereur. — A la même province appartient, quoique située bien plus au S., *Gottingen* ou *Gœttingue*, célèbre par son université et sa riche bibliothèque. — KLAUSTHAL, plus au N. E., est le chef-lieu du district minier du *Harz*, dont les mines de plomb argentifère, de cuivre et de fer donnent un produit annuel de 30 millions de francs. — LUNEBOURG, au N. E. du royaume ; autrefois ville impériale, hanséatique et très-commerçante ; elle possède encore d'importantes salines. — AURICH, au N. O. du royaume, non loin de la mer du Nord. — STADE, plus à l'E., près de la rive gauche de l'Elbe ; place forte avec un arsenal.

91. II. GRAND-DUCHÉ D'OLDENBOURG. — POSITION. DIVISIONS. POPULATION. GOUVERNEMENT. VILLES PRINCIPALES. — Le grand-duché d'OLDENBOURG, situé dans le N. O. de l'Allemagne, se compose de trois principaux territoires séparés les uns des autres, et dont le principal est entouré de toutes parts par le Hanovre, si ce n'est au N., où il touche la mer d'Allemagne. — Cette petite monarchie absolue compte 272 mille habitants. Le pays produit d'excellents chevaux. — Il a pour capitale OLDENBOURG, à peu près au centre, jolie ville assez commerçante, capitale du *duché d'Oldenbourg proprement dit ;* les deux autres divisions principales du grand-duché sont :

La principauté de LUBECK, capitale EUTIN, près de la mer Baltique, sur un lac, dans une île duquel se trouve l'ancienne résidence des princes-évêques de Lubeck ; la principauté de BIRKENFELD, sur la rive gauche du Rhin, portant le nom de sa capitale, située au S. E. de Trèves, et possédant au château ducal.

III. SEIGNEURIE DE KNIPHAUSEN. — Cette petite seigneurie, le plus faible des Etats de la Confédération Germanique et de l'Europe, est enclavée au N. de l'Oldenbourg ; elle compte seulement 3,200 habitants, et KNIPHAUSEN, où se trouve le château du comte de Bentinck, son seigneur, n'en a qu'une cinquantaine.

IV. DUCHÉ DE BRUNSWICK. — POSITION. DIVISIONS. GOUVERNEMENT. POPULATION. VILLES PRINCIPALES. — Ce duché se compose de 6 territoires principaux, enclavés dans le Hanovre et la Prusse, et comprenant ensemble une population de 269 mille habitants. — Il y a un gouvernement représentatif. — Capitale, BRUNSWICK (*Braunschweig*) sur l'*Ocker*, tributaire du Wéser, grande ville qui possède d'importants établissements d'éducation publique et de beaux édifices (36 mille hab.). — WOLFENBUTTEL, plus au S. E., a une belle bibliothèque (8 mille hab.), et est le siège d'une cour d'appel pour le duché, et aussi pour les principautés de Lippe et de Waldeck.

V ET VI. PRINCIPAUTÉS DE LIPPE. — On peut placer parmi les enclaves du Brunswick et du Hanovre la principauté de LIPPE-DETMOLD (82,970 hab.) ; capitale DETMOLD, au S. O. de Hanovre, et celle de SCHAUENBOURG-LIPPE (27,600 hab.) ; capitale BUCKEBERG, plus au N.

VII. WALDECK. — Cette principauté (56,480 hab.) est enclavée aussi en partie dans les précédentes. Outre sa capitale CORBACH, au S. de Detmold, on doit y citer PYRMONT, capitale d'un petit district séparé, à l'E. de Detmold, et renommée par ses eaux minérales.

92. GRANDS-DUCHÉS DE MECKLEMBOURG. — POSITION. DIVISIONS. POPULATION. GOUVERNEMENT. RELIGION. VILLES PRINCIPALES. — Le MECKLEMBOURG, situé au N. E. du Hanovre, sur le rivage méridional de la mer Baltique, forme deux grands-duchés gouvernés par deux branches de la plus ancienne maison souveraine de l'Europe, et distingués entre eux par les noms de leurs capitales, mais ayant une diète et une cour de justice communes. Le luthéranisme est la religion de la presque totalité des habitants. Ces deux grands-duchés sont :

VIII. Celui de MECKLEMBOURG-SCHWÉRIN, à l'O., avec une population de 479 mille habitants, capitale SCHWÉRIN, entre deux lacs dont le plus considérable porte son nom et renferme plusieurs îles dans l'une desquelles est bâti le palais du grand-duc. — *Ludwigslust*, joli bourg, plus au S., a un château magnifique où le prince faisait autrefois sa résidence ordinaire. — ROSTOCK, plus au N., port près de l'embouchure de la *Warnow*, est la ville la plus grande, la plus industrieuse et la plus commerçante du grand-duché (49 mille hab.). — *Parchin*, plus au S. O., est le siége de la cour suprême de justice des deux duchés.

IX. Le grand-duché de MECKLEMBOURG-STRÉLITZ, à l'E du précédent, a 88 mille habitants, capitale STRÉLITZ, divisé en *vieux* et *nouveau Strélitz*, et ayant ensemble 10 mille habitants. Le dernier renferme le palais du grand-duc.

93. X. PRINCIPAUTÉ DE HESSE-CASSEL. — DIVISIONS. POSITION. POPULATION. RELIGIONS. GOUVERNEMENT. VILLES PRINCIPALES. — La principauté électorale de HESSE, appelée aussi *Hesse-Cassel* du nom de sa capitale, se compose de 6 territoires isolés, répartis en 4 provinces administratives, et dont le principal est situé au S. de la Prusse et du Hanovre. Elle compte 722 mille habitants, dont les deux tiers au moins sont protestants et un septième environ catholiques. Son GOUVERNEMENT est une monarchie représentative.

Ses VILLES PRINCIPALES sont : CASSEL, sur la *Fulde*, affluent Wéser au N., l'une des plus belles villes de l'Allemagne; capitale de la principauté, et qui fut celle du royaume de Westphalie, au temps de Napoléon Ier (32 mille hab.).

MARBURG, plus au S. O., chef-lieu de la province de la *Haute-Hesse*, avec une université. — FULDE, plus au S. E., siége d'un évêché catholique, et chef-lieu de la province de son nom, à laquelle appartient aussi l'industrieux district de *Smalkalde*, ville célèbre par la ligue protestante de 1530. — HANAU, plus au S. O., près du Man, est le chef-lieu de la province de son nom, et fut témoin, en 1813, d'une victoire de Napoléon sur les Autrichiens et les Bavarois.

XI. GRAND-DUCHÉ DE HESSE-DARMSTADT. — POSITION. DIVISIONS. POPULATION. RELIGIONS. GOUVERNEMENT. VILLES PRINCIPALES. — Le grand-duché de HESSE-DARMSTADT est situé au S. O. du précédent, et séparé par la province de Hanau en deux parties qui forment 5 provinces administratives. — Il compte 793 mille habitants, dont près des trois quarts sont protestants et un quart catholiques. — C'est une monarchie représentative.

Ses principales villes sont : — DARMSTADT, vers le S., près de la rive droite du Rhin, capitale de la principauté de *Starkenbourg* et de tout le grand-duché, avec de beaux édifices et un riche musée (30 mille hab.).

MAYENCE (*Mainz*), sur la rive gauche du Rhin, vis-à-vis son confluent avec le Main; capitale de l'ancien archevêché électoral de son nom, et aujourd'hui, de la province de la *Hesse Rhénane;* siége d'un évêché catholique et la plus importante forteresse de la Confédération Germanique ; port franc très-commerçant par le Rhin ; célèbre par le siége que les Français y soutinrent en 1793 ; patrie de Guttenberg, inventeur de l'imprimerie (32 mille hab.).—GIESSEN, plus au N. E., capitale de la province de la *Haute-Hesse*, avec une université. — *Offenbach*, au N. O. de Darmstadt sur le Mein, la ville la plus industrieuse du grand-duché. — *Worms* (l'ancien *Borbetomagus*), plus au S. O., sur la rive gauche du Rhin, ville très-ancienne, où séjournèrent fréquemment Charlemagne et les autres princes carlovingiens, et dans laquelle s'assemblèrent souvent les diètes germaniques.

XII. HESSE-HOMBOURG. — Le petit landgraviat de ce nom se compose de plusieurs territoires enclavés dans les Etats précédents, et comprenant ensemble 23 à 24 mille hab. C'est une monarchie pure, qui doit son surnom à sa capitale, HOMBOURG, petite ville de 3 mille hab., au N. de Francfort-sur-le-Mein.

XIII. DUCHÉ DE NASSAU. — POSITION. POPULATION. RELIGIONS. GOUVERNEMENT. CAPITALE. — Le duché de NASSAU est entouré par la Prusse à l'O. et au N., et par la Hesse-Darmstadt, à l'E. et au S. — Il compte environ 388 mille habitants, partagés presque également entre les églises catholique et évangélique : il possède un gouvernement représentatif. — Sa capitale est WIESBADEN, au N. du confluent du Rhin et du Mein ; elle doit son nom à ses eaux thermales, extrêmement fréquentées et déjà renommées sous la domination romaine, dont on trouve encore aux environs de nombreux vestiges.

94. XIV. GRAND-DUCHÉ DE BADE. — POSITION. POPULATION. RELIGIONS. GOUVERNEMENT. DIVISIONS. VILLES PRINCIPALES. — Le grand-duché de BADE, situé au S. de celui de Hesse-Darmstadt, s'étend tout le long de la rive droite du Rhin, qui le sépare de la France, jusque dans l'angle formé par ce fleuve à sa sortie de la Suisse. — Il compte 1 million 400 mille habitants, dont les deux tiers sont catholiques, 450 mille environ de l'Eglise évangélique et près de 20 mille juifs. — Son GOUVERNEMENT est monarchique et représentatif. — Il est partagé en 4 cercles dont les villes principales sont : KARLSRUHE, vers le N., non loin du Rhin, sur le chemin de fer de la rive droite du Rhin, capitale du grand-duché et du cercle du *Rhin-moyen*; ville moderne, batie très-régulièrement, possédant de beaux édifices et une école polytechnique (23 mille hab.).

MANHEIM, plus au N., au confluent du Neckar et du Rhin, qu'on y traverse sur un pont de bateaux ; capitale du cercle du *Bas-Rhin*, la seconde du grand-duché, et autrefois celle du

Palatinat du Rhin; siége de la cour suprême de justice et l'une des plus belles villes de l'Allemagne; possède un port franc très-commerçant, et un observatoire célèbre (24 mille habit.).

FREIBURG ou *Fribourg en Brisgau*, vers le S. O. du grand-duché, capitale du cercle du *Haut-Rhin*, avec un archevêché et une université catholique, une des plus belles cathédrales de l'Allemagne et un palais grand-ducal.

CONSTANCE (*Konstanz*), plus au S. E., sur la rive méridionale du lac de son nom, sur laquelle elle a un port franc, qui est l'entrepôt de toute la navigation, capitale du cercle du *Lac;* ville forte et industrieuse; célèbre par le concile de 1451, qui condamna les deux réformateurs Jean Huss et Jérôme de Prague, lesquels furent brûlés comme hérétiques (6,400 habit.). — *Heidelberg*, au S. E. de Manheim, avec un beau pont sur le Neckar, une ancienne et fameuse université et un observatoire. On voit dans le voisinage l'ancien château des princes palatins avec ses celliers et ses tonnes immenses. *Rastadt*, au S. O. de Karlsruhe, avec un château qui a été longtemps la résidence des margraves de Bade, et dans lequel se sont tenus les congrès de 1714 et 1798.

BADE ou *Baden-Baden*, un peu plus au S., jolie petite ville renommée par ses eaux thermales salines et sulfureuses, fréquentées par de nombreux baigneurs; avec un château ducal et un musée d'antiquités romaines.

95. XV. ROYAUME DE WURTEMBERG. — BORNES. POPULATION. RELIGION. GOUVERNEMENT. DIVISIONS. VILLES PRINCIPALES. — Le royaume de WURTEMBERG est renfermé entre le grand-duché de Bade, au N. O., à l'O. et au S. O., et la Bavière, au S. E., à l'E. et au N. E. — Sa population est d'environ 1 million 800 mille habitants, la plupart luthériens. — Son gouvernement est monarchique et représentatif. — Il est divisé en 4 cercles, dont les principales villes sont : — STUTTGARD, au centre, près du Neckar, capitale du royaume, possédant une des plus riches bibliothèques du monde (40 mille habitants).

LUDWIGSBURG, un peu plus au N., aussi sur le *Neckar*, chef-lieu du cercle de ce nom, petite ville moderne, la plus régulière et la principale place d'armes du royaume, avec un vaste château royal. — ULM, au S. E. de Stuttgard, sur le Danube; chef-lieu du cercle du *Danube*, avec une magnifique cathédrale. Les Français y prirent, en 1805, une armée allemande de 36 mille hommes. — REUTLINGEN, au S. de Stuttgard, ville industrieuse (10 mille hab.), chef-lieu du cercle de *Schwartz-Wald* ou de la Forêt-Noire. — HEILBRONN, plus au N., sur le Neckar, dans le cercle de ce nom, ville industrieuse et commerçante.

XVI ET XVII. PRINCIPAUTÉS DE HOHENZOLLERN. — Les deux principautés de HOHENZOLLERN sont situées au S. du Wurtemberg; elles se distinguent par le nom de leurs capitales : HECHINGEN, au N., petite ville voisine du château de Hohenzollern, berceau de la famille royale régnant en Prusse ; et SIGMARINGEN, plus au S. E., sur le Danube. Ces principautés sont réunies à la Prusse.

96. XVIII. ROYAUME DE BAVIÈRE. — BORNES. POPULATION. RELIGION. GOUVERNEMENT. — Le royaume de BAVIÈRE (*Baiern*) est borné au N. par la Saxe, à l'O. par la Hesse et le Wurtemberg, au S. par le Tyrol, et à l'E. par l'Autriche et la Bohême. Il comprend, en outre, sur la rive gauche du Rhin, le *cercle du Rhin* ou *Bavière Rhénane*, enclavé entre la Hesse au N., le grand-duché du Bas-Rhin à l'O., la France au S., et le Rhin, qui le sépare du grand-duché de Bade, à l'E. — Sa POPULATION est de 4 millions 500 mille habitants, dont la grande majorité professe la religion catholique. — Son GOUVERNEMENT est une monarchie représentative.

DIVISIONS ET VILLES PRINCIPALES. — Le royaume de BAVIÈRE, situé en grande partie dans le bassin du Danube, qui le traverse, et en partie dans celui du Rhin, est divisé administrativement en 8 cercles, dont les villes les plus remarquables sont MUNICH (*Munchen*), vers le S., sur l'*Isar*, affluent du Danube, capitale du royaume et du cercle de la *Bavière Supérieure*, archevêché : l'une des plus belles villes de l'Europe, possédant un beau palais royal, de riches musées et la bibliothèque la plus importante de l'Europe après celle de Paris (100 mille habit.).

PASSAU, plus au N. E., au confluent de l'*Inn*, de l'*Itz* et du Danube, capitale du cercle de la *Bavière inférieure ;* ville très-ancienne et très-forte; siége d'un évêché autrefois souverain.

AUGSBOURG (l'ancienne *Augusta Vendelicorum*), au N. O. de Munich, avec laquelle elle communique par le chemin de fer; sur le *Lech*, affluent du Danube; capitale du cercle de *Souabe-Neubourg*, évêché; ville très-industrieuse, l'entrepôt du commerce de l'Allemagne avec l'Italie, et l'une des villes les plus opulentes de l'Europe au moyen âge; célèbre par la diète où fut présenté, en 1530, le symbole luthérien dit *confessio d'Augsbourg*, et par la *paix de religion* qui y fut signée en 1555 (35 mille habit.) — RATISBONNE (*Regensburg*), plus au

N. E., au confluent de la *Regen* et du Danube, que l'on y passe sur un beau pont; ancienne capitale de la Bavière sous la race carlovingienne, et aujourd'hui, du cercle du *Haut Palatinat;* évêché.

ANSPACH, ou *Ansbach*, plus au N. O., ancienne capitale des margraves de ce nom, et aujourd'hui du cercle de la *Moyenne Franconie*, dans lequel se trouve plus à l'E. *Nuremberg*, ville forte, la seconde de la Bavière par sa population (47 mille habit.), et l'une des plus importantes de l'Allemagne par son industrie et son commerce.

BAIREUTH, plus au N. E., ancienne capitale de la principauté de son nom, et aujourd'hui du cercle de la *Haute Franconie*, dont la ville la plus importante est *Bamberg*, plus à l'O., sur le canal qui unit le Rhin au Danube, et qui rend important le commerce de cette ville industrieuse, siège d'un archevêché, et autrefois d'un évêché princier de l'Empire.

WURZBOURG, plus au N. O. encore, sur le Mein, siège d'un évêché autrefois souverain, et aujourd'hui capitale du cercle de la *Basse Franconie;* ville industrieuse et commerçante.

SPIRE (l'ancienne *Noviomagus*), plus au S. O., près de la rive gauche du Rhin; évêché; ville importante au moyen âge; fut fréquemment la résidence des rois et des empereurs; capitale du cercle du *Palatinat* ou de la *Bavière Rhénane*, où l'on remarque encore : *Landau*, plus au S. O., forteresse très-importante, autrefois à la France, et aujourd'hui l'une de celles de la Confédération Germanique.

XIX. PRINCIPAUTÉ DE LICHTENSTEIN. — La principauté de LICHTENSTEIN est située au S. O. de la Bavière; elle est limitée à l'O. par le Rhin, qui la sépare de la Suisse; et de tous les autres côtés elle touche au Tyrol autrichien. Sa population est de 6 mille 500 habitants; sa capitale est VADUZ, jolie ville sur le Rhin.

97. DUCHÉS DE SAXE. — POSITION. POPULATION. RELIGION. GOUVERNEMENT. DIVISIONS. VILLES PRINCIPALES. Les possessions de la branche *ducale* de la maison de Saxe sont situées à l'E. de Brunswick et de la Hesse, dans l'ancien duché de Saxe, devenu en grande partie une province prussienne. Elles sont divisées, depuis la fin de 1826, en 4 principautés, composées d'un grand nombre de territoires séparés les uns des autres et portant les noms suivants, savoir :

XX. Le grand-duché de SAXE-WEIMAR, ayant 246 mille habitants en majorité luthériens, et pour villes principales : — WEIMAR, au centre, capitale et résidence du grand-duc, l'une des villes savantes de l'Allemagne. — IÉNA, au S. E. de Weimar, siége de la cour supérieure de justice des duchés de Saxe, célèbre par son université, et par une grande victoire des Français sur les Prussiens, en 1806. — EISENACH, plus à l'O., ville très-commercante (9 mille habit.).

XXI. Le duché de SAXE-COBOURG-GOTHA, renfermant 140 mille habitants et ayant pour villes principales : COBOURG, au S., sur l'*Itz*, et GOTHA, au N., sur la *Leine*, ville importante par son industrie et ses établissements scientifiques.

XXII. Le duché de SAXE-MEINENGEN-HILDBURGHAUSEN-ET-SAALFELD, peuplé de 149 mille habitants, et ayant pour villes principales : MEININGEN, jolie petite capitale à l'O.; HILDBURGHAUSEN, au S. E., et SAALFELD, au N. E.

XXIII. Le duché de SAXE-ALTENBOURG, peuplé de 112 mille habit., et ayant pour capitale ALTENBOURG, sur la *Pleiss*, à l'E. de Weimar (12 mille hab.)

Au milieu des duchés de Saxe sont disséminées les 8 principautés suivantes, savoir :

XXIV ET XXV. Les deux principautés de SCHWARZBOURG, distinguées par les noms de leurs capitales : — RUDOLSTADT, au S. E. de Gotha, remarquable par ses établissements littéraires; avec 4 mille habit. et 66 mille dans la principauté. — SONDERSHAUSEN, beaucoup plus au N. O., jolie ville de 3,600 habit. La principauté en a 56 mille.

XXVI, XXVII ET XXVIII. Les trois principautés de la maison de REUSS, se distinguant par les noms de leurs capitales, savoir : — GREITZ, au S. E. d'Iéna, ville industrieuse de 7 mille habit. — SCHLEITZ, plus au S. O., jolie ville de 5 mille habit. — LOBENSTEIN et EBERSDORF, plus au S., ville de 3 mille habit., et bourg de 1,100, donnent ensemble leurs noms à la troisième branche, qui possède en commun avec la seconde la la principauté de GERA, plus au N. E., la ville la plus importante des trois principautés (9 mille hab.).

XXIX, XXX ET XXXI. Les trois principautés de la maison d'ANHALT, distinguées également par les noms de leurs capitales, savoir : — DESSAU, au N. des précédentes, dans la délicieuse vallée de la *Mulde*; non loin de son confluent avec l'Elbe (10 mille habit.) et 61 mille dans la principauté. — BERNBOURG, plus à l'O. (5 mille habit.), et 47 mille dans la principauté. — KŒTHEN, plus au S. E., sur le chemin de fer de Dresde à Magdebourg, dont un embranchement va à Dessau (6 mille habit.), et 40 mille dans la principauté.

98. XXXII. ROYAUME DE SAXE. — BORNES. POPULA-

TION. RELIGION. GOUVERNEMENT. DIVISIONS. VILLES PRINCIPALES. Le royaume de SAXE (*Sachsen*) dont le souverain a perdu, en 1814, une partie de ses anciennes possessions, est borné au N. et à l'E. par la Prusse, à l'O. par les possessions de la maison ducale de Saxe et des autres principautés précédemment décrites, au S. enfin par la Bohême. — Il contient 1 million 800 mille habitants, dont la grande majorité professe le luthéranisme; cependant la famille royale et une partie de la population sont catholiques. — Le GOUVERNEMENT est monarchique et représentatif.

Le royaume est divisé en 5 cercles, dont les villes les plus importantes sont : DRESDE, sur l'Elbe, qu'on y passe sur un beau pont; capitale du royaume et du cercle de son nom : l'une des villes les plus belles et les mieux situées de l'Allemagne, possédant de beaux édifices et de riches collections scientifiques. Les Français y battirent, en 1813, les armées confédérées (90 mille hab.).
— LEIPZIG ou *Leipsick*, au N. O. de Dresde, chef-lieu du cercle de son nom, fameuse par ses trois foires annuelles, consistant surtout en livres, par son université, et par la bataille qui se livra dans ses plaines en 1813; patrie de Leibnitz (55 mille habit.). — FREIBERG, plus au S. O., chef-lieu du cercle de son nom, dont les riches mines d'argent fournissent, par an, plus de 15 mille kilogrammes de ce métal, c'est-à-dire plus du tiers de ce que donnent toutes les mines de l'Europe réunies. — *Chemnitz*, plus au S. O. encore, dans le même cercle, a d'importantes fabriques de tissus de coton, de laine et de soie. — PLAUEN, au S. du royaume, sur l'*Elster*, affluent de l'Elbe, chef-lieu du cercle du *Voigtland*, petite province habitée par une population très-industrieuse. — BAUTZEN, plus au S. E., près de la *Sprée*, célèbre par la victoire que les Français y remportèrent, en 1813, sur les Russes et les Prussiens. Cette ville, très-industrieuse et très-commerçante, est la capitale du cercle de *Lusace*, dans lequel se fabriquent, surtout à *Zittau*, autre ville très-industrieuse, et aux environs, les belles toiles damassées connues sous le nom de *toiles de Saxe*.

99. XXXIII, XXXIV, XXXV ET XXXVI. VILLES LIBRES. — POSITION. POPULATION. IMPORTANCE. POSSESSIONS. Les quatre villes libres de la Confédération Germanique sont : FRANCFORT-SUR-LE-MEIN, à l'O. de l'Allemagne, enclavée au milieu du grand-duché de Hesse-Darmstad; siége de la diète germanique; ancienne capitale de la *Franconie*, ou France orientale; et en quelque sorte de tout l'empire germanique, sous les successeurs des princes carlovingiens, avec une ma-

gnifique cathédrale où l'on couronna les empereurs depuis le milieu du treizième siècle jusqu'à l'époque de la destruction de l'empire d'Allemagne (1803). Elle a 60 mille habitants, et 65 mille y compris son territoire, qui s'étend sur les deux rives du Mein.

BRÊME, beaucoup plus au N., sur le Wéser, entre le grand-duché d'Oldenbourg à l'O. et le Hanovre à l'E.; entrepôt de commerce d'une partie du N. de l'Allemagne (58 mille habit.), dont 46 mille dans la ville même, et le reste dans son territoire.

HAMBOURG, plus au N. E., sur l'Elbe, entre le Hanovre au S., le Holstein à l'O. et au N., et le Lauenbourg à l'E.; l'une des villes les plus commerçantes de l'Europe; sa population est d'environ 154 mille habitants, dont 134 mille pour la ville elle-même, qu'un affreux incendie a détruite en partie en 1842; elle a pour port CUXHAVEN, à l'embouchure de l'Elbe.

LUBECK, plus au N. E. encore, sur la *Trave*, à 15 kilomètres de son embouchure dans la Baltique; une des places de commerce les plus considérables de l'Europe (46 mille hab.), dont 37 mille dans la ville même. — TRAVEMUNDE, situé à l'embouchure de la Trave, peut être regardée comme le port de Lubeck.

QUESTIONNAIRE. — 86. Où est située l'Allemagne? — Quelles sont ses limites? — 87. Comment se divise l'Allemagne sous le rapport politique? — 88. Quelles sont les limites de la Confédération Germanique? — Faites connaître les populations et les races auxquelles elles appartiennent. — Quel est le gouvernement? — 89. Indiquez les principaux États de la Confédération suivant le rang qu'ils occupent dans la Confédération. — 90. Faites connaître les bornes, la religion et le gouvernement, les divisions, les villes principales du royaume de Hanovre. — 91. Décrivez le grand-duché d'Oldenbourg... le duché de Brunswick... les principautés de Lippe et de Waldeck. — 92. Décrivez les duchés de Mecklembourg. — 93. Décrivez la principauté de Hesse-Cassel... le grand-duché de Hesse-Darmstadt... le landgraviat de Hesse-Hombourg... le duché de Nassau. — 94. Faites connaître le grand-duché de Bade. — 95-96. Quels sont les bornes, la population, la religion et le gouvernement, les divisions et villes principales du royaume de Wurtemberg?... de la Bavière? — 97. Décrivez le duché de Saxe... les principautés de Schwarzbourg... de Reuss... d'Anhalt. — 98. Faites connaître la géographie du royaume de Saxe. — 99. Faites connaître la situation, la population, l'importance des quatres villes libres.

CHAPITRE NEUVIÈME.

PRUSSE (1).

SOMMAIRE.

100. Les États prussiens se composent de deux parties séparées : l'une, bornée au Nord par la Baltique, le Mecklembourg, le Hanovre, la Hesse, les principautés et le royaume de Saxe, l'Autriche, la Pologne et la Russie; la seconde partie ou Prusse Rhénane est située entre le Hanovre, la Hesse, les Pays-Bas, la Belgique, la France et plusieurs petits États de la Confédération Germanique.
101. Les États Prussiens se divisent en provinces, dont les unes font partie de la Confédération Germanique, et dont les autres lui sont étrangères. Les premières sont les provinces de la Prusse Rhénane, Westphalie, Pomeranie, grand-duché de Brandebourg, duché de Saxe et Silésie, divisés en 19 régences. Berlin est la capitale du royaume; les villes principales sont Magdebourg, Francfort-sur-l'Oder, Stralsund, Stettin, Breslau, Munster, Dusseldorf, Cologne, Aix-la-Chapelle.
102. Les seconds sont la Prusse royale et le grand-duché de Posen, divisés en 6 régences; villes principales : Danzig, Kœnigsberg, Posen, etc.
103. La population dépasse 17 millions, dont deux tiers de race allemande, le reste de race slave dans les provinces polonaises, et de race française dans les provinces du Rhin.
104. Les possessions éloignées sont les deux principautés de Hohenzollern; la Prusse a abandonné ses prétentions sur Neuchâtel.
105. L'armée se compose de l'armée régulière (115 mille hommes), de la landwer ou milice, et de la landsturm ou levée en masse. Le revenu du royaume est d'environ 350 millions.

100. SITUATION ET LIMITES. SUPERFICIE. — Les États du roi de PRUSSE (*Preussische Staaten* ou *Preussen*) sont compris entre les 50° et 56° degrés de latitude N., et entre les 3° et 21° degrés de longitude E. — Ils se composent de deux parties distinctes, dont l'une occupe toute la partie septentrionale de l'Allemagne centrale, et a pour bornes au N. la Baltique et le Mecklembourg; à l'O. le Hanovre et la Hesse; au S., les principautés et le royaume de Saxe, une partie des États Autrichiens, et la Pologne, qui, avec la Russie, la borne encore à l'E. La seconde partie des États Prussiens, désignée sous le nom de PRUSSE RHÉNANE ou *grand-duché du Bas-Rhin*, est séparée de

---

(1) Voir, dans l'Atlas de M. Ansart à l'usage des colléges, la carte de l'EUROPE CENTRALE.

la Prusse, à l'E., par le Hanovre et la Hesse, et entourée par le Hanovre au N., les Pays-Bas et la Belgique à l'O., la France et plusieurs petits États allemands au S.

101. GRANDES DIVISIONS POLITIQUES. CAPITALE. VILLES PRINCIPALES. — Les ÉTATS PRUSSIENS sont de deux espèces : 1° Ceux qui font partie de la Confédération Germanique, à l'O., renfermant 6 provinces, subdivisées en 19 régences ; 2° ceux qui ne font pas partie de la Confédération, formant 2 provinces subdivisées en 6 régences. Toutes les régences portent le nom de leur capitale, que nous indiquerons en mentionnant les villes principales.

LES ÉTATS QUI FONT PARTIE DE LA CONFÉDÉRATION sont la *Prusse Rhénane*, à l'O. ; la *Westphalie*, au N. O. ; la *Poméranie*, au N. ; le *grand-duché de Brandebourg*, au centre ; le *duché de Saxe*, au S. O. ; et celui de *Silésie*, au S. E. Ils ont pour VILLES PRINCIPALES :

1° Dans le **BRANDEBOURG** : BERLIN, sur la Sprée, capitale du grand-duché de *Brandebourg* et de tout le royaume de Prusse (424 mille hab.). Au S. O. est *Potsdam*, chef-lieu de régence, le Versailles de la Prusse (40 mille hab.), et voisin du célèbre château de *Sans-Souci*, maison de plaisance des rois. — *Francfort*, sur l'Oder, au S. E. de Berlin, chef-lieu de cercle, célèbre par ses foires, ses belles rues et ses monuments. — *Brandebourg (Brandeburg)*, à l'O. de Potsdam, ville très-ancienne, qui a donné son nom au margraviat devenu ensuite électorat, puis grand-duché (18 mille habitants).

2° Dans la **SAXE** : — MAGDEBOURG, sur l'Elbe, capitale du duché de *Saxe*, ville très-forte, prise par les Français, en 1805, après un siége long et pénible (55 mille hab.). — *Erfurth*, ville forte, enclavée entre les principautés de Saxe-Gotha et Weimar, chef-lieu de régence (32 mille hab.). — *Halle*, au S. E. de Magdebourg, remarquable par ses salines et par sa célèbre université (34 mille hab.). — *Lutzen*, plus au S. E., illustrée par deux victoires, l'une remportée sur l'empereur d'Allemagne, en 1632, par le roi de Suède Gustave-Adolphe, qui la paya de sa vie, et l'autre gagnée sur les Prussiens et les Russes, en 1813, par les Français, qui y lavèrent l'affront fait à leurs armes, en 1757, par le grand Frédéric, à *Rosbach*, situé à peu de distance, et où les Prussiens avaient élevé, en mémoire de cet événement, une colonne, détruite par les Français après la victoire d'Iéna.

3° Dans la **POMÉRANIE PRUSSIENNE** : STETTIN, au N. E. de Berlin, sur l'Oder, capitale de la province, ville très-forte et très-commerçante (47 mille hab.). — *Stralsund*, au N. O. de Stettin, sur le détroit qui sépare l'île Rugen du continent; capitale de l'ancienne *Poméranie Suédoise*, ville très-forte (19 mille hab.).

4° Dans la **SILÉSIE**: BRESLAU, au S. E. de Berlin, sur l'Oder, capitale de la province, et qui mérite le nom de troisième capitale de la Prusse par ses monuments, son industrie, son commerce et sa population, qui est de 111 mille habitants.

5° Dans la **WESTPHALIE**: MUNSTER, au N. O., capitale de la province, évêché; célèbre par le traité de paix de 1648 (25 mille hab.). — *Dusseldorf*, au S. O. de Munster, ville grande et industrieuse, avec un port très-actif sur le Rhin, chef-lieu de régence (27 mille hab.). — *Paderborn*, ville fondée, dit-on, par Charlemagne.

6° Dans la **PRUSSE RHÉNANE**: COLOGNE (*Koln*) sur le Rhin, capitale de la province, archevêché catholique; ville forte, renommée pour son eau aromatique, et patrie de saint Bruno (95 mille hab.). — AIX-LA-CHAPELLE (*Aachen*), au S. O. de Cologne, chef-lieu de régence, choisie par Charlemagne pour être le siège de son empire, et célèbre par plusieurs traités de paix (51 mille hab.). — *Coblentz*, au confluent du Rhin et de la Moselle, chef-lieu de régence; ville forte (25 mille hab.). — *Trèves* (*Trier*), sur la Moselle, ville importante sous les Romains et regardée comme la plus ancienne de l'Allemagne, chef-lieu de régence, évêché.

102. GRANDES DIVISIONS POLITIQUES (*suite*). — LES ÉTATS QUI NE FONT PAS PARTIE DE LA CONFÉDÉRATION forment 2 provinces subdivisées en 6 régences; ce sont: l'ancienne *Prusse royale*, et le *grand-duché de Posen*, composé de la partie de la Pologne qui est restée à la Prusse d'après les derniers traités. Les VILLES PRINCIPALES sont:

1° Dans la **PRUSSE ROYALE**: DANZIG, au N., près de la Vistule et du golfe auquel elle donne son nom; capitale d'une régence formée de l'ancienne *Prusse occidentale*, et l'une des villes les plus importantes de l'Europe par son commerce et ses richesses. Les Français la prirent en 1807, après un siége mémorable (65 mille hab.). — KŒNIGSBERG, au N. E., sur le *Prégel*, près de la mer, à 7 kilomètres de son embouchure dans le Frische-Haff; ville forte. Elle est la seconde capitale du royaume et celle de la province de *Prusse*, formée de l'ancienne *Prusse royale* (75 mille habitants). — *Eylau* et *Friedland*, au S. E. de Kœnigsberg, célèbres par les victoires qu'y remportèrent les Français sur les Prussiens et les Russes, en 1807, et qui amenèrent la paix qui fut signée à *Tilsitt*, près du Niémen, au N. E. de Kœnisgberg. — *Marienbourg*, ville forte, au S. E. de Danzig, ancienne résidence des chevaliers teutoniques. — *Marienwerder*, plus au S., chef-lieu de régence, conserve encore le palais et les tombeaux de plusieurs grands maîtres de l'ordre teutonique.

2° Dans le grand-duché de **Posen** : Posen (*Poznan*), sur la Warta, capitale du grand-duché (45,000 hab.). — *Gnesen* ou *Gnesne*, au N. E. de Posen, archevêché catholique dont le titulaire réside à Posen : c'est, dit-on, la première ville bâtie en Pologne ; on y couronnait autrefois les rois de ce pays. — *Thorn*, sur la Vistule, qu'on y passe sur un pont de 2 kilom. de long ; patrie de l'astronome Copernic.

103. Gouvernement, population, races et religions. — La population totale de la Prusse atteint environ 17 millions d'habitants. La race allemande forme la masse de la population dans l'intérieur, les Slaves, dans les provinces polonaises, et les Français dans celles du Rhin. La superficie totale est de 278,945 kil. — Le gouvernement prussien est une monarchie représentative. — Près des deux tiers de la population appartiennent à la nouvelle Église évangélique, qui est celle de l'État, et possède deux évêchés à *Berlin* et à *Kœnigsberg* ; l'autre tiers professe la religion catholique et possède deux archevêchés et six évêchés.

104. Possessions éloignées. — La Prusse possède encore les deux principautés de *Hohenzollern*, qui y ont été réunies dernièrement. Elles sont situées au S. du royaume de Wurtemberg, et se distinguent l'une de l'autre par les noms de leurs capitales : *Hechingen*, au N., petite ville voisine du château de Hohenzollern, berceau de la famille royale prussienne de Brandebourg, et *Sigmaringen*, plus au S. E., sur le Danube.

La Prusse élevait des prétentions à la souveraineté du canton de *Neuchâtel*, qui fait partie de la Confédération suisse, mais elles ont été définitivement abandonnées en 1857.

105. Armée. Marine. Revenu. — L'armée prussienne se compose de l'*armée permanente*, de la *landwer* ou milice nationale, et de la *landsturm* ou levée en masse ; l'*armée permanente*, en temps de paix, monte à 115 mille hommes, et la *landwer* à 145 mille. C'est cette armée, admirablement organisée par le grand Frédéric, qui a permis à la Prusse de prendre le rang qu'elle occupe en Europe. — La Prusse ne possède qu'une très-petite escadre de guerre qui stationne à Stralsund. — Les revenus du royaume montent à 350 millions de francs. La dette s'élevait, en 1843, à environ 490 millions de francs.

QUESTIONNAIRE. — 100. Quelle est la position géographique des États prussiens? — 101. En combien de provinces se divisent les États prussiens? — Quelles sont celles qui font partie de la Confédération Germanique et quelles en sont les villes principales? — 102. Quelles sont les provinces indépendantes de la Confédération et quelles sont leurs villes principales? — 103. Quelle est la population et à quelles races appartient-elle? — Quels sont le gouvernement et la religion? — 104. Quelles sont les principautés réunies à la Prusse? — Sur quel État avait-elle des prétentions? — 105. Faites connaître l'armée et la marine. — Quel est le revenu du royaume?

CHAPITRE DIXIÈME.

EMPIRE D'AUTRICHE (1).

SOMMAIRE.

103. Les États autrichiens sont limités au N. par la Pologne, la Prusse et la Saxe; au N. O. par la Bavière; à l'O. par la Suisse et le Piémont; au S. par la mer Adriatique et la Turquie; à l'E. par la Turquie et la Russie.

107. Les États autrichiens se divisent en : 1° provinces de la Confédération germanique; 2° provinces qui n'en font pas partie ou provinces slaves et hongroises; 3° provinces italiennes.

108. Les premières forment 3 gouvernements, savoir :

109. 1° Basse-Autriche, chef-lieu Vienne, capitale de l'empire; 2° Haute-Autriche, chef-lieu Lintz; 3° Tyrol, chef-lieu Inspruck; 4° Stirie, capitale Grætz; 5° province de Laybach, N. du royaume d'Illyrie, chef-lieu Laybach; 6° province de Trente, S. du même royaume, chef-lieu Trieste.

110. 7° La Bohême, divisée en orientale et en occidentale, a 4 millions d'habitants. Capitale Prague.

111. 8° Le gouvernement de Moravie et de Silésie, à l'O. du précédent, a 2 millions d'habitants. Capitale Brunn.

112. Il y a 8 provinces qui ne font pas partie de la Confédération, formant 5 gouvernements, savoir :

113. 1° Le gouvernement de Galizie ou Gallicie, au N. E de l'Autriche, contenant 5 millions et demi d'habitants. Capitale Lemberg. Kracovie y est annexée.

---

(1) Voir dans l'atlas des collèges, par M. Ansart, la carte de l'EUROPE CENTRALE.

DIVISIONS POLITIQUES.   89

114. 2º Les deux gouvernements de la Hongrie et de la Slavonie et la Croatie ont 9 millions et demi d'habitants. Capitale Bude; villes principales, Pesth, Presbourg.

115. 3º Le gouvernement de Transylvanie, au S. de la Hongrie, a 2 millions d'habitants. Capitale Klausenbourg. — 4º Le gouvernement des Limites militaires comprend les frontières S. de la Hongrie et de la Transylvanie.

116. 5º Le gouvernement de Dalmatie avec l'Albanie, au S. E. de la Croatie, a 360,000 habitants. Capitale Zara.

117. La population de l'empire dépasse 34 millions d'habitants, dont 26 millions de catholiques, le reste protestant et grec; 700 mille juifs. — Ils appartiennent aux quatre souches allemande, slave, maggyare et italienne.

118. L'Autriche a une armée de 405,000 hommes en temps de paix. La marine compte environ 30 bâtiments de guerre. Le revenu est de 137,150,000 florins.

106. POSITION. LIMITES. — Les nombreux États qui composent l'empire d'AUTRICHE (*Osterreich-Kaisertum*) sont compris entre le 42ᵉ et le 51ᵉ degré de latitude N., et entre le 7ᵉ et le 25ᵉ degré de longitude E. — Ils sont limités au N. par la Pologne, la Prusse et la Saxe, et au N. O. par la Bavière; à l'O., par la Suisse et le Piémont; au S. par les duchés de Parme et de Modène, les États du Pape, la mer Adriatique et la Turquie d'Europe, qui, avec la Russie, les borne aussi à l'E.

107. GRANDES DIVISIONS POLITIQUES. — Les ÉTATS DE L'EMPEREUR D'AUTRICHE sont de trois espèces : 1º les *provinces qui font partie de la Confédération Germanique;* 2º *celles qui n'en font pas partie ou provinces slaves et hongroises;* 3º les *possessions d'Italie,* que nous ne décrirons qu'en parlant de l'Italie. — Toutes ces possessions forment aujourd'hui 15 gouvernements, dont 8 dans les provinces de la Confédération, 6 dans celles qui n'en font point partie, 1 en Italie.

108. PROVINCES FAISANT PARTIE DE LA CONFÉDÉRATION. — NOMS ET POSITION. — Les PROVINCES DE L'EMPIRE D'AUTRICHE QUI FONT PARTIE DE LA CONFÉDÉRATION forment 8 gouvernements, savoir : 1º-2º ceux de la *Basse* et de la *Haute-Autriche,* et 3º celui du *Tyrol,* au S. O., 4º celui de *Stirie;* 5º celui de *Laybach,* comprenant la *Carinthie* et la *Carniole;* 6º celui de *Trieste* ou de l'*Istrie autrichienne,* au S.; ces deux forment le royaume d'*Illyrie;* 7º le royaume de *Bohême,* au N. O., et 8º le margraviat de *Moravie* et de *Silésie,* au N.

109. GOUVERNEMENTS DE BASSE ET HAUTE-AUTRICHE, DE TYROL, DE STIRIE, DE LAYBACH ET DE TRIESTE. LEURS VILLES PRINCIPALES. — Ces six gouvernements ont pour villes principales : VIENNE, sur le Danube, capitale de la *Basse-Autriche* et de tout l'empire; assiégée inutilement deux fois par les Turcs, et prise par les Français en 1805 et 1809 (popul. 420 mille hab.).

A peu de distance se trouvent les maisons de plaisance impériales de *Laxembourg* et de *Shœnbrunn*. — *Wagram*, au N. E. de Vienne, célèbre par une grande victoire des Français en 1809. — Lintz, sur le Danube, capitale de la *Haute-Autriche*, ville forte (24 mille hab.). — *Salzbourg*, au S. O. de Lintz, archevêché autrefois souverain, patrie de Charlemagne. — Inspruck (*Insbruck*), au S. O., sur l'Inn, capitale du *Tyrol*. — *Trente*, au S. O. d'Inspruck, sur l'Adige, fameuse par le concile général qui s'y tint, en 1545, contre les protestants. — Grœtz, au S. O. de Vienne, sur la Muhr, capitale de la *Stirie*; archevêché, avec une citadelle sur un rocher de 230 mètres de haut. — Klagenfurt, au S. O. de Grœtz, près du lac de *Wert*, capitale de l'ancienne province de *Carinthie*. — Laybach, au S. E. de Klagenfurt, remarquable par le congrès de 1820, capitale de l'ancienne province de *Carniole*, et aujourd'hui, d'un gouvernement qui comprend cette province et la précédente, et qui forme la partie septentrionale du *royaume d'Illyrie*, dont cette ville est aussi considérée comme la capitale. — Trieste, port de mer sur le golfe du même nom, formé par la mer Adriatique; capitale de l'ancienne *Istrie autrichienne*, et aujourd'hui du gouvernement de Trieste, qui forme la partie méridionale du royaume d'*Illyrie*, le port le plus commerçant de l'empire (70 mille hab.). — *Capo d'Istria*, plus au S., sur un rocher du même golfe, joint à la terre par une chaussée; port fortifié et évêché; ancienne capitale de l'*Istrie autrichienne*.

110. Gouvernement de Bohême. — Bornes. Population. Villes principales. — La Bohême (*Bœhmen*), située au N. de l'empire d'Autriche, est entourée complétement par les monts *Bœhmerwald, Erz* et *Gebirg, Riesen* et *Moraves*; elle est divisée par la *Moldau* en *orientale* et *occidentale*, et forme un royaume dont la population dépasse 4 millions d'habitants. — Ses villes principales sont : Prague, au centre, sur la Moldau, capitale de la Bohême, ville grande et forte, peuplée de 120 mille habitants. Les Français y soutinrent un siége mémorable en 1742.

— *Reichenberg*, au N., la seconde ville du royaume par sa population et son industrie (14 mille hab.). — *Tœplitz* et *Karlsbad*, vers la frontière du N. O., possèdent des sources d'eaux thermales renommées.

111. Gouvernement de Moravie et de Silésie. — Position. Population. Villes principales. — Le gouvernement de Moravie et de Silésie, composé de l'ancien margraviat de Moravie et de la portion de la Silésie qui est restée à l'Autriche, en 1742, après qu'elle en eut cédé la plus grande partie à la Prusse, est situé à l'E. de la Bohême, et renferme près de 2 millions d'habitants. — Ses villes principales sont : — Brunn, capitale de la *Moravie* et le centre de son commerce, archevêché; elle est défendue par un bon château fort (42 mille hab.). — Au S. E. se trouve la petite ville d'*Austerlitz*, illustrée par une fameuse victoire des Français sur les Autrichiens et les Russes, en 1805. — Troppau, au N. E. de Brunn, capitale de la *Silésie autrichienne* (12 mille habitants).

112. II. Provinces indépendantes de la Confédération Germanique. — Noms et position. Gouvernements. — Les provinces de l'empire d'Autriche qui ne font pas partie de la Confédération, forment 7 gouvernements : 1° le royaume ou gouvernement de *Galizie* ou *Gallicie*, avec la *Bukhowine*, au N. ; 2° le royaume de *Hongrie*, qui forme avec 3° ceux de *Slavonie* et de *Croatie* deux autres gouvernements au centre; 4° le gouvernement de *Transylvanie*, à l'E.; les deux gouvernements : 5° des *Limites militaires*, et 6° du royaume de *Dalmatie* avec l'*Albanie*, au S.; et enfin 7° le gouvernement du royaume Lombard-*Vénitien*, en Italie.

113. Gouvernement de Galizie. — Position. Population. Villes principales. — Ce gouvernement, situé au N. E. de l'empire d'Autriche, comprend le royaume de *Galizie* et *Lodomérie*, provinces qui forment la partie méridionale de l'ancienne Pologne, dont l'Autriche s'est emparée en 1772, et la *Bukhowine*, petite province démembrée de la Moldavie. Il contient 5,560,000 habitants, et a pour villes principales : — Léopold ou Lemberg, au centre, capitale du royaume, ville grande et commerçante, prise d'assaut par le roi Charles XII, en 1704 (60 mille habitants).

La république de Krakovie (*Krakow*), du nom de sa capitale, située sur la Vistule, a été supprimée en 1846, et annexée à la Galizie.

114. Gouvernement de Hongrie et de Croatie. — Situation. Population. Villes principales. — La Hongrie (*Ungarn*, allem., et *Magyar-Orszag*, hong.), située à l'E. de l'empire d'Autriche, forme un royaume auquel a été longtemps réuni le gouvernement de Slavonie et de Croatie, situés au S. E., aujourd'hui distincts. Leur population est de plus de

9 millions et demi d'habitants. Ses villes principales sont : — BUDE ou OFEN, sur le Danube, au centre de la Hongrie, dont elle est la capitale; prise plusieurs fois par les Turcs, qui en sont restés maîtres depuis 1529 jusqu'à 1686 (43 mille hab.). — PESTH, située sur la rive gauche du Danube, en face de Bude, avec laquelle elle communique par un pont de bateaux, est la ville la plus commerçante de la Hongrie (85 mille hab.). — *Presbourg*, sur le Danube, au N. O. de Bude, à laquelle elle a restitué depuis 1790 le titre de capitale de la Hongrie.

AGRAM, au S. O. de Bude, près de la Save, capitale de la *Croatie*. — POSÉGA, au S. E. d'Agram, capitale de la *Slavonie*, province à laquelle l'Autriche donne le nom de royaume, quoiqu'elle fasse partie de la Hongrie. — PÉTERVARADIN (*Peterwardein*), sur le Danube, l'une des plus fortes places du monde, célèbre par une fameuse bataille que le prince Eugène y gagna, en 1716, contre les Turcs. — TEMESVAR, plus au N. E., sur le *Témes*, affluent du Danube, ville industrieuse : capitale de la petite province du *Banat* (13 mille hab.).

115. GOUVERNEMENT DE TRANSYLVANIE. — POSITION. POPULATION. VILLES PRINCIPALES. — La TRANSYLVANIE, ou la *Grande principauté des Sept-Châteaux*, est située au S. de la Hongrie, et renferme 2 millions d'habitants. Ses villes principales sont : — KLAUSENBOURG, au N. O., capitale du gouvernement et aussi de la principauté. — *Kronstadt*, place forte, et la ville la plus importante de la Transylvanie par sa population, sa richesse et son industrie (36 mille hab.).

115 bis. GOUVERNEMENT DES LIMITES MILITAIRES. — Toutes les frontières méridionales des gouvernements de Hongrie et de Transylvanie forment celui des LIMITES MILITAIRES, soumis à une administration particulière, divisé en *généralats* et *régiments*, dans le but de protéger ces frontières contre les Turcs, dont les possessions touchent de ce côté à celles de l'Autriche. Les quatre villes d'*Agram*, *Péterwardein*, *Témesvar* et *Hermannstadt*, sont les résidences des généraux, gouverneurs militaires de ces quatre généralats.

116. GOUVERNEMENT DE DALMATIE. — POSITION. POPULATION. VILLES PRINCIPALES. — Le gouvernement de DALMATIE est formé du royaume de ce nom, situé au S. E. de celui de Croatie, et comprenant au S. l'*Albanie autrichienne*, avec une population de 360 mille habitants seulement. — Ses villes principales sont : ZARA, au S. E. de Capo d'Istria, capitale du royaume, quoiqu'elle ne renferme que 6 mille habitants, archevêché. — *Raguse*, au S. E. de Zara, bon port sur l'Adriatique; capitale de l'ancienne république du même nom, archevêché (16 mille hab.). — *Cattaro*, plus au S. E., autre port fortifié au fond du beau golfe de ce nom, dont l'entrée est fermée par des rochers et nommée *Bouches du Cattaro*.

GOUVERNEMENT DU ROYAUME LOMBARD-VÉNITIEN, capitale VENISE. (Voir n° 130.)

117. GOUVERNEMENT. RELIGIONS. RACES ET POPULATION. — La POPULATION du vaste empire d'Autriche dépasse 34 millions et demi d'habitants, dont plus de 28 millions sont catholiques; le reste se partage entre les Églises protestante et grecque. On y compte aussi environ 700 mille juifs. Cette population appartient à 4 souches : la souche allemande, à l'O.; la souche magyare, à l'E.; la souche slave au N. E., à l'E. et au S. E., et la souche latine au S. O. — Le GOUVERNEMENT est une monarchie absolue, malgré les États qui semblent la limiter dans quelques provinces.

118. ARMÉE. MARINE. REVENUS. — L'ARMÉE, qui constitue la force principale de l'empire d'Autriche, nécessaire pour maintenir en un seul tout ces provinces si distinctes, entre lesquelles il y a souvent une violente animadversion, l'armée monte à 405 mille hommes en temps de paix, et à 640 mille hommes en temps de guerre.

La MARINE MILITAIRE se compose de 120 bâtiments, dont 1 vaisseau, 5 corvettes, 12 bricks et goëlettes, 69 bâtiments légers et 16 bâtiments à vapeur, un grand nombre de bateaux à vapeur et de transport.

Les REVENUS de la monarchie sont évalués à environ 137 millions 140 mille florins, et la dette était en 1841 de 969 millions 965 mille florins environ.

QUESTIONNAIRE. — 106. Quelles sont la position et les limites des États autrichiens? — 107. Quelles sont les divisions de la monarchie autrichienne? — 108. Quelles sont les provinces qui font partie de la Confédération Germanique, et combien forment-elles de gouvernements? —109. Quelles sont les capitales et les villes principales des gouvernements de Basse et de Haute-Autriche? — Quelles sont celles des gouvernements de Tyrol, de Stirie, de Laybach et de Trieste?—110-111. Décrivez le gouvernement de Bohême.. le gouvernement de Moravie et Silésie. — 112. Quelles sont les provinces indépendantes de la Confédération Germanique, et combien forment-elles de gouvernements? — 113. Décrivez le gouvernement de Galizie.— 114. Décrivez le royaume de Hongrie.—115, 115 *bis*. Décrivez le gouvernement de Transylvanie... le gouvernement des Limites militaires. — 116. Décrivez le gouvernement de Dalmatie. — 117. Quelles sont la population et la religion des États autrichiens? — A quelles souches appartiennent leurs divers peuples? — Quel est le gouvernement? — 118. Quelle est la force de l'armée en paix et en guerre? — Faites connaître la marine. — Quels sont les revenus et la dette de l'empire d'Autriche?

CHAPITRE ONZIÈME.

SUISSE ET ÉTATS ITALIENS.

SOMMAIRE.

§ I. Suisse. 119. La Confédération suisse est bornée par la France, les États sardes, la Lombardie et l'Autriche, le Wurtemberg et le grand-duché de Bade.

120. Il y a 22 cantons, savoir : Zurich, Berne, Lucerne, Uri, Schwyz, Unterwalden, Glaris, Zug, Fribourg, Soleure, Bâle, Schaffhouse, Appenzell, Saint-Gall, Grisons, Argovie, Thurgovie, Tessin, Vaud (Lausanne), Valais (Sion), Neuchâtel et Genève. Berne est le siége de la diète.

121. Les 22 cantons forment une confédération. Chaque canton a son gouvernement à part, et les affaires générales sont traitées dans la diète. Sa population totale est de 2,200,000 habitants; 9 cantons et 900,000 habitants sont catholiques, 5 cantons et 1.300,000 protestants, les autres mixtes. — On parle français, allemand et italien.

§ II. Italie. 122. L'Italie est entourée par les mers Méditerranée, Ionienne et Adriatique, et par la chaîne des Alpes et le Var.

123. La population s'élève a plus de 25 millions et demi d'habitants avec les îles.

124. Elle se divise en 6 États : 2 au N., royaume de Sardaigne et royaume Lombard-Vénitien; 2 dans le centre, États du pape, république de Saint-Marin; 2 au S., royaume des Deux-Siciles et groupe de Malte.

125. Le royaume de Sardaigne comprend l'île de ce nom, et sur le continent, il est borné par la Suisse, la France, la Méditerranée et les États de l'Église. La population est de près de 12 millions d'habitants catholiques. Le gouvernement est représentatif.

126. Il se divise en 5 provinces anciennes, et 5 provinces nouvelles acquises en 1859.

127. Les provinces anciennes sont : 1º Piémont, Turin, capitale du royaume; 2º Montferrat, ville principale Casale; 3º Milanais sarde, ville principale Alexandrie; 4º duché de Gênes, ville principale Gênes; 5º Ile de Sardaigne, ville principale Cagliari.

128. Les provinces nouvelles sont : 1º Lombardie, capitale Milan; 2º duché de Parme, ville principale Parme; 3º duché de Modène,

ville principale Modène; 4° Romagne, ville principale Bologne; 5° *Toscane*, ville principale Florence.

129. Le royaume Lombard-Vénitien est borné par l'Autriche, les États sardes, le golfe de Venise et l'Illyrie. La population est de 2 millions d'habitants. Le gouvernement est absolu.

130. Il se compose d'une partie du duché de Mantoue et de la république de Venise. Il forme un gouvernement, partagé en 9 délégations. Les villes principales sont Venise, Mantoue, Vérone et Padoue.

131. Les États de l'Église sont bornés par les États sardes, la Méditerranée, le royaume de Naples et l'Adriatique. Population : 2 millions d'habitants catholiques. Gouvernement tempéré par une assemblée. Ils se divisent en 17 provinces ou délégations, portant les noms de leurs chefs-lieux. — Les principales villes sont : Rome, capitale; Civita-Vecchia et Ancône avec Bénévent et Ponte-Corvo dans le royaume de Naples.

132. La république de Saint-Marin est enclavée dans les États de l'Église. Capitale Saint-Marin.

133. Le royaume des Deux-Siciles, composé du sud de l'Italie et de la Sicile, et borné au N. par les États de l'Église, a plus de 9 millions d'habitants catholiques, dont 2,200,000 en Sicile. Le gouvernement est absolu.

134. La partie continentale est partagée en 4 provinces : Abruzzes, Terre de Labour, Pouille et Calabre, subdivisées en 15 autres. Naples, capitale.

135. La Sicile, séparée par le détroit de Messine, se divise en 3 vallées et 7 provinces. — Villes principales : Palerme, capitale; Messine, Siragosa (Syracuse), Catane, Girgenti. Les autres îles sont : les Lipari, Caprée et Ischia.

136. Malte, au S. de la Sicile, appartient aux Anglais. La Valette est sa capitale.

§ I. — SUISSE ou CONFÉDÉRATION HELVÉTIQUE (1).

119. SITUATION ET LIMITES. — La Suisse (*Schweizerland*), comprise entre le 45e degré et le 48e degré de latitude N., et entre le 3e degré et le 9e degré de longitude E., est bornée à l'O. par la France, dont elle est séparée par le Jura, au S. par les États sardes et le royaume Lombard-Vénitien, à l'E. par l'empire d'Autriche, et au N. par le royaume de Wurtemberg et le grand-duché de Bade.

120. DIVISIONS POLITIQUES. CAPITALES. VILLES PRINCIPALES. — La CONFÉDÉRATION SUISSE se compose de 22 cantons, subdivisés en 28 États principaux.

---

(1) Voir, dans l'atlas de M. Ansart à l'usage des colléges, la carte de la SUISSE.

Le tableau suivant fait connaître le nom de la capitale, ainsi que la superficie et la population de chaque canton.

CANTONS suivant le rang qu'ils occupent dans la Confédération.	CAPITALES.	SUPERFICIE en kilomètres carrés.	POPULATION.
Zurich............	Zurich............	1,775	231,576
Berne.............	Berne.............	6,629	407,915
Lucerne...........	Lucerne...........	1,519	124,521
Uri...............	Altorf............	1,090	13,519
Schwyz............	Schwyz............	878	40,650
Unterwalden.......	Stanz.............	670	22,571
Glaris............	Glaris............	723	29,348
Zug...............	Zug...............	219	15,322
Fribourg..........	Fribourg †........	1,282	91,143
Soleure...........	Soleure †.........	658	63,194
Bâle..............	Bâle..............	477	65,424
Schaffhouse.......	Schaffhouse.......	295	32,582
Appenzell.........	Appenzell.........	394	50,876
Saint-Gall........	Saint-Gall........	1,937	158,853
Grisons...........	Coire †...........	6,646	84,506
Argovie...........	Aarau.............	1,300	182,755
Thurgovie.........	Frauenfeld........	696	84,126
Tésin.............	Locarno...........	2,678	113,923
Vaud..............	Lausanne..........	3,062	185,582
Valais............	Sion †............	4,300	76,590
Neuchâtel.........	Neuchâtel.........	723	58,616
Genève............	Genève............	237	58,666
		38,195	2,290,258

Les quatre cantons de SCHWYZ, UNTERWALDEN, BALE et APPENZELL sont subdivisés chacun en deux républiques, savoir : SCHWYZ INTÉRIEUR, capitale *Schwyz*, et SCHWYZ EXTÉRIEUR, capitale *Kussnacht*. — HAUT-UNTERWALDEN, au S., capitale *Sarnen*, et BAS-UNTERWALDEN, au N., capitale *Stanz*. — BALE-VILLE, capitale *Bâle*, et BALE-CAMPAGNE, capitale *Liestall*. — APPENZELL, RHODES INTÉRIEURES, capitale *Appenzell*, et RHODES EXTÉRIEURES, capitales *Hérisau* et *Tragen*. — Le canton des GRISONS est subdivisé en trois *ligues* ou républiques fédératives indépendantes, savoir : la LIGUE GRISE ou *Supérieure*, à l'O., capitale *Ilanz*; la LIGUE DE LA MAISON DE DIEU ou *Caddée*, au N., capitale *Coire*; et la LIGUE DES DIX-DROITURES ou *Juridictions*, à l'E., capitale *Davos*.

LES PRINCIPALES VILLES DE LA SUISSE sont : BALE, sur le Rhin, qui la divise en deux parties ; c'est la ville la plus grande et la plus commerçante de la Suisse; elle est jointe à la France par un chemin de fer. Elle a vu naître Bernouilli, Euler et les

deux Holbein, et possède le tombeau d'Érasme (22 mille hab.).
— Soleure, au S. O. de Bâle, célèbre par un traité d'alliance qui y fut conclu, pour cinquante ans, entre la France et la Suisse, en 1777. — Berne, au S. de Soleure, sur l'Aar, siége du gouvernement de la diète fédérale, une des plus belles villes de la Suisse, prise par les Français en 1798, après de sanglants combats (23 mille hab.). Une partie de son canton, le plus grand de la Suisse, est couverte de glaciers. On y trouve aussi la belle chute d'eau du *Staubbach*, qui tombe de 263 mètres de haut. — Fribourg, au S. O. de Berne, remarquable par son beau collége; le canton dont elle est le chef-lieu renferme la petite ville de *Morat*, sur le lac du même nom, célèbre par la sanglante bataille où Charles le Téméraire fut vaincu par les Suisses en 1476. — Lausanne, au S. O. de Fribourg, à peu de distance de la rive septentrionale du lac de Genève. — Genève, au S. O. de Lausanne, sur le lac Léman ou lac de Genève, capitale de l'ancienne république du même nom. Cette ville, la plus riche et la plus peuplée de la Suisse, fait un grand commerce d'horlogerie, et a donné naissance à plusieurs hommes célèbres (28 mille hab.). — Lucerne, sur le lac du même nom, qui forme la partie occidentale de celui des *Quatre-Cantons* ou des *Waldstetten*, au N. E. de Berne; grand passage pour l'Italie par le Saint-Gothard. — Zurich, près du lac de son nom, au N. E. de Soleure, dans une belle position, fameuse par une victoire remportée par les Français en 1799, remarquable par son université et par son commerce; patrie de Gessner, de Lavater et du célèbre instituteur Pestalozzi.

Il faut signaler encore Schaffhausen ou *Schaffhouse*, au N. E. de Bâle, sur la rive droite du Rhin, à 2 kilomètres au-dessus de la fameuse cataracte où ce fleuve, large de 100 mètres, se précipite de 27 mètres de haut. — Neuchatel, au S. O. de Soleure, sur le lac du même nom; chef-lieu d'un canton, dont la souveraineté fut, jusqu'en 1857, réclamée par le roi de Prusse. *Habsbourg*, dans le canton de Berne, berceau de la famille qui gouverne l'Autriche. — Schwyz, à l'E. de Lucerne, qui paraît avoir donné son nom à toute la Suisse; cette petite ville, où réside depuis 1835 le nonce du pape, est le chef-lieu d'un canton qui a vu naître le fameux Guillaume Tell. On y trouve le défilé et la montagne de *Morgarten*, où les Suisses remportèrent, en 1315, sur Léopold d'Autriche, la victoire célèbre qui assura leur liberté. — Altorf, au S. de Schwyz, est remarquable par deux fontaines qui désignent les endroits où étaient placés Guillaume Tell et son fils, lorsque ce malheureux père se vit forcé d'abattre d'un coup d'arbalète une pomme placée sur la tête de l'enfant. — SION, à l'E. de Genève, sur le Rhône, est le chef-lieu du *Valais*, où se trouvent dans les Alpes deux passages remarquables, savoir : vers le N. E. celui du *Simplon*, et au S. O. celui du *Grand-Saint-Bernard*, franchi par l'armée française avec son artillerie en 1800. On rencontre dans ce canton beaucoup d'êtres malheureux, défigurés par des goîtres énormes et auxquels on a donné le nom de *crétins*; ils sont à la fois sourds-muets, et dans un état complet de stupidité qui ferait douter s'ils appartiennent à l'espèce humaine. — LOCARNO, petite ville située à l'extrémité septentrionale du lac Majeur, l'une des trois capitales du canton du *Tésin*, alterne tous les six ans dans cette dignité avec LUGANO, ville un peu plus considérable, située plus au S. E., sur le lac de son nom, et avec BELLINZONA, plus au N., sur le Tésin, et sur la belle route qui mène en Italie par le Saint-Gothard, et donne quelque importance à son commerce.

121. GOUVERNEMENT. POPULATION. RELIGIONS. LANGUES. — La CONFÉDÉRATION SUISSE est composée de 22 cantons indépendants les uns des autres pour leur administration intérieure, et qui, par suite des subdivisions existantes dans 5 d'entre eux, forment 28 républiques plus ou moins démocratiques. Chaque canton a son gouvernement particulier, et les affaires de la Confédération sont discutées à Berne dans une *diète*, composée d'un député de chaque canton, et chargée de la décision de toutes les affaires qui touchent aux intérêts généraux.

La POPULATION des 22 cantons s'élève à environ 2 millions et 200 mille habitants, dont 1 million 300 mille protestants et 900 mille catholiques, répartis entre les divers cantons, de manière que 9 sont entièrement catholiques, 5 protestants et 8 mixtes.

On parle français dans les cantons qui sont voisins de la France, italien dans ceux qui sont au S. des Alpes, et allemand dans tous les autres, selon les races qui ont peuplé ces divers cantons.

§ II. — ITALIE (1).

122. POSITION. LIMITES. — L'ITALIE (*Italia*), la plus cen-

---

(1) Voir dans l'atlas de M. Ansart à l'usage des colléges, la carte d'ITALIE.

trale des trois grandes péninsules que forme l'Europe méridionale, est renfermée, en y comprenant les îles qui en dépendent, entre les 35° et 47° degrés de latitude N. et entre les 4° et 17° degrés de longitude E. — Entourée par la mer Méditerranée au S. O., par la mer Ionienne au S. E., et par la mer Adriatique au N. E., elle est bornée au N. O. par le Var, les Alpes, le Rhône et le lac Léman, qui la séparent de la France et de la Suisse, et au N. par la grande chaîne des Alpes, qui la sépare de la Suisse et de l'Allemagne.

123. Population.— La population de l'Italie s'élève à plus de 25 millions et demi d'habitants, en y comprenant celle des grandes îles de *Sardaigne* et de *Sicile*, situées à l'O. et au S. O., ainsi que celle de l'île d'*Elbe* et des autres petites îles répandues le long de ses côtes, et du groupe de *Malte*, situé au S. de la Sicile.

124. Grandes divisions politiques. — L'Italie renferme 6 États différents, savoir : 2 dans l'*Italie septentrionale*, qui sont les royaumes de *Sardaigne* et *Lombard-Vénitien*; — 2 dans l'*Italie centrale*, qui sont : les *États de l'Église* et la république de *Saint-Marin*; — enfin 2 dans l'*Italie méridionale*, le royaume des *Deux-Siciles* et le groupe de *Malte*, qui est, comme nous l'avons dit, une dépendance de l'Italie.

125. Royaume de Sardaigne. — Bornes. Population. Religion. Gouvernement. — Les États-Sardes, considérablement accrus depuis la brillante campagne de l'armée française en Italie en 1859, comprennent, outre l'île de ce nom, des possessions assez considérables au Nord et au centre de l'Italie. Ces possessions sont bornées au N. par la Suisse, à l'O. par la France et la Méditerranée, au S. par les États de l'Église, et à l'E. par la mer Adriatique et le royaume Lombard-Vénitien. — La population de tous ces États est de 11 millions d'habitants, dont 553 mille pour l'île de Sardaigne et les autres petites îles qui l'entourent. Ils professent la religion catholique. — Le gouvernement de ce royaume est une monarchie représentative.

126. Divisions politiques.— Le royaume de Sardaigne se compose de deux portions distinctes : 1° les 5 *provinces anciennes* du royaume; 2° les *provinces acquises* depuis 1859.

127. Provinces anciennes. — Villes principales. — Les anciennes provinces des États-Sardes ne sont plus qu'au nombre de 5, depuis la cession faite à la France de la *Savoie* et du comté de *Nice*. — Les provinces de terre ferme sont partagées en 10 divisions subdivisées en 34 provinces, et l'île de Sardaigne en 3 divisions subdivisées en 11 provinces.

1° Le PIÉMONT, séparé de la Savoie par les monts Saint-Bernard, Blanc et Cenis. — TURIN (*Torino*), non loin du confluent de la Doria Riparia et du Pô, capitale du royaume, et ancienne capitale du Piémont, résidence des souverains, et l'une des plus belles villes d'Italie (population, 145 mille habitants). — *Aoste*, au N., sur la Doria Baltea, avec de belles ruines romaines.

2° Le MONTFERRAT, à l'E. du Piémont.— CASALE, ville forte, sur le Pô, en est la capitale.

3° MILANAIS SARDE, à l'E. et au S. des précédentes provinces. — ALEXANDRIE *de la Paille*, au S. E. de Turin, sur le Tanaro, ville très-forte, en est la capitale; au S. E. se trouve le village de *Marengo*, au confluent du *Tanaro* et du *Fontanone*, illustré, le 14 juin 1800, par une grande victoire de Napoléon sur les Autrichiens.

4° Le duché de GÊNES, qui occupe la côte septentrionale du golfe de ce nom. — GÊNES, au S. E. d'Alexandrie, bâtie en amphithéâtre sur le bord de la mer, et surnommée *la Superbe*, à cause de la magnificence de ses palais, où le marbre est prodigué de toutes parts. Elle était la capitale d'une république que son commerce rendit, au dix-septième siècle, un des États les plus riches et les plus puissants de l'Europe (125 mille hab.).

5° L'île de SARDAIGNE, dans la Méditerranée, au S. de la Corse. — CAGLIARI, au S. de l'île de Sardaigne, sur le golfe du même nom ; capitale, archevêché, résidence du roi pendant tout le temps que ses Etats furent occupés par les Français (28 mille hab.).

La grande île dont cette ville est la capitale est hérissée de montagnes remplies de mines et entrecoupées par des vallées très-fertiles, mais le climat y est malsain, et l'industrie ainsi que le commerce y sont extrêmement bornés; aussi son importance est-elle loin de répondre à son étendue.

128. PROVINCES NOUVELLES. — DIVISIONS. VILLES REMARQUABLES. — Les PROVINCES NOUVELLES DES ÉTATS SARDES sont au nombre de 5, savoir : 1° la *Lombardie*, qui comprend la Valteline et le Milanais, cédés par l'Autriche à la France par le traité de Zurich, et que la France a donnés à la Sardaigne; 2° le *duché de Parme;* 3° le *duché de Modène;* 4° le *grand-duché de Toscane;* 5° les quatre légations de *Romagne*. Ces quatre provinces, dont trois formaient des États indépendants, et dont la dernière est démembrée des États de l'Église, ont été réunies, en 1860, au royaume de Sardaigne.

La Romagne et les duchés de Parme et de Modène sont aujourd'hui réunis en une province qui porte le nom d'*Émilie*, qui est celui d'une province romaine à laquelle ces pays répondent.

1° La LOMBARDIE, à l'E. des anciennes provinces sardes. — MILAN (*Milano*) en est la capitale, et l'une des villes les plus belles et les plus riches de l'Italie (150 mille hab.).

Pavie, au S., sur le Tésin, ancienne capitale des Lombards, et fameuse par la bataille où François Ier fut fait prisonnier en 1525. — *Marignan*, où ce même prince remporta une célèbre victoire sur les Suisses et le duc de Milan, et qui a été de nouveau illustré par un brillant combat de l'armée française, au milieu de la campagne de 1859. — *Magenta*, sur la rive gauche du Tésin, et *Solferino*, sur la rive droite du *Mincio*, sont demeurés célèbres par les deux grandes victoires que les Français y remportèrent sur les Autrichiens pendant la même campagne de 1859. — *Lodi*, au S. E. de Milan, sur l'Adda, ville forte que les Français prirent sur les Autrichiens, en 1796, après avoir passé un pont sous le feu de leur artillerie.

2° Le duché de PARME, au S. de la Lombardie. — PARME, au S. E., ancienne capitale du duché, ville grande, riche, et peuplée de 40 mille habitants. — PLAISANCE (*Piacenza*), au N. O. de Parme; elle tire son nom de sa situation extrêmement agréable au confluent du Pô et de la Trébia; ancienne capitale du duché du même nom (29 mille hab.) réuni à celui de Parme.

3° Duché de MODÈNE, à l'E. et au S. du précédent, qui comprend les duchés de *la Mirandole*, de *Reggio* et de *Guastalla*, et de *Massa et Carrara*. — MODÈNE, au S. E. de Parme, avec de beaux édifices, ancienne capitale du duché (28 mille habitants). — *Reggio*, au N. O. de Modène, patrie de l'Arioste, fameux poëte italien. — *Carrara*, fameux par ses beaux marbres, connus sous le nom de marbres de *Carrare*.

4° ROMAGNE. Les quatre légations de la Romagne sont situées à l'E. de la province précédente. Leurs villes principales sont : BOLOGNE, la plus importante et la plus belle ville de la Romagne, et la plus fameuse université de l'Italie (75 mille hab.). *Ferrare*, au N. E., ancienne capitale du duché de ce nom. — *Ravenne*, au S. E. de Ferrare; à 4 kilomètres de la mer Adriatique, sur laquelle elle était autrefois située, résidence des derniers empereurs romains.

5° Grand-duché de TOSCANE. Cette province, qui est l'ancienne Étrurie, est située sur la Méditerranée, au S. du duché de Modène; elle est traversée par l'Apennin, et riche en mines

de fer, d'argent, de cuivre, etc. — FLORENCE (*Firenze*), au N., sur l'Arno, ancienne capitale du grand-duché de Toscane; grande et belle ville, peuplée de 102 mille habitants. Elle fut pendant plusieurs siècles la capitale d'un des plus puissants États de l'Europe, et le berceau des arts, des lettres et des sciences en Occident; patrie du Dante, d'Améric Vespuce et des Médicis.
— PISE, à l'O. de Florence, aussi sur l'Arno; capitale d'une ancienne république détruite par les Florentins en 1406. — *Livourne*, un des plus fameux ports de la Méditerranée (75 mille hab.). — *Sienne*, au S. E. de Livourne; université célèbre. — LUCQUES, ancienne capitale du duché du même nom, ville belle et commerçante (24 mille hab.).

ILES QUI DÉPENDENT DE LA TOSCANE. — Du grand-duché de Toscane dépendent quelques petites ILES situées dans la Méditerranée, près des côtes de ses États, et dont la principale est l'île d'*Elbe*, où Napoléon avait été relégué en 1814. — Cette île, qui appartient depuis 1815 à la Toscane, possède des carrières de fer, d'aimant et de marbre, et renferme une population de 14 mille âmes. — Capitale, PORTO-FERRAJO, au N., petit port bien fortifié (2 mille hab.).

129. ROYAUME LOMBARD-VÉNITIEN. — BORNES. POPULATION. RELIGION. GOUVERNEMENT. — La VÉNÉTIE, qui constitue à peu près seule aujourd'hui les possessions de l'Autriche en Italie, auxquelles cette puissance conserve cependant le nom de royaume *Lombard-Vénitien*, est bornée au N. par les provinces allemandes de l'empire d'Autriche, à l'O. par les États Sardes, au S. par ceux-ci et le golfe de Venise, à l'E. par l'Illyrie, qui relève aussi de la couronne d'Autriche. — Sa POPULATION est d'environ 2 millions d'habitants, professant la religion catholique. — Ce pays est sous la souveraineté absolue de l'empire d'Autriche.

130. DIVISIONS POLITIQUES. — VILLES PRINCIPALES.
— Le royaume LOMBARD-VÉNITIEN se compose aujourd'hui : 1° de la partie du *duché de Mantoue* située à l'E. du Mincio et au S. du Pô; 2° des possessions de l'ancienne *république de Venise*. Il forme un gouvernement divisé en 9 délégations.

Les PRINCIPALES VILLES du royaume Lombard-Vénitien sont : VENISE, à l'E., capitale, sur le golfe qui porte son nom; une des plus belles, des plus considérables et des plus fortes villes du monde; fondée au cinquième siècle, au milieu des lagunes de la mer Adriatique, par quelques habitants de Padoue, qui s'y réfugièrent pour se soustraire à la fureur d'Attila. Son commerce l'avait rendue, au commencement du quatorzième siècle,

un des plus puissants États de l'Europe (115 mille hab.). —
Padoue, à l'O. de Venise, sur la Brenta, fameuse université. —
Vérone, à l'O. de Padoue, sur l'Adige, remarquable par les congrès de 1820 et 1823, et par ses immenses fortifications. —
Peschiera, à l'O., sur le Mincio, à sa sortie du lac de Garde; forteresse importante. — Mantoue, au S., au milieu d'un lac marécageux formé par le Mincio, ce qui la rend très-forte. Ces trois villes, avec Legnano, ville forte située sur l'Adige, au S. E. de Vérone, forment une sorte de carré ou *quadrilatère* de positions formidables et d'une défense facile, qui sert d'appui à la puissance militaire de l'Autriche en Italie. Les Français en avaient cependant forcé l'entrée en 1859, après la bataille de Solferino. — *Villafranca*, au S. de Vérone, est célèbre par l'entrevue de l'empereur des Français et de l'empereur d'Autriche, qui y arrêtèrent les conditions de la paix en 1859.

151. États de l'Église — Bornes. Population. Religion. Gouvernement. — Les États de l'Église, qui occupent le centre de l'Italie, sont bornés au N. par les États Sardes, à l'O., par la Méditerranée; au S. par le royaume de Naples, qui, avec la mer Adriatique, les borne aussi à l'E. Ils renferment une population de 2 millions d'habitants, professant la religion catholique. — Le gouvernement est faiblement tempéré par une *assemblée*.

Divisions administratives. Capitale. Villes principales. — Les États de l'Église étaient divisés jusqu'en 1859 en 21 provinces, appelées pour la plupart *légations* ou *délégations*, et portant les noms des villes qu'elles ont pour chefs-lieux; mais, en cette année, 4 de ces provinces, situées au N. de l'Apennin, ont été détachées de la souveraineté du pape et jointes au royaume de Sardaigne.

— Les villes les plus remarquables des États de l'Église sont: Rome, au S., sur le Tibre; capitale. Cette ville, l'ancienne capitale du monde et l'une des plus fameuses de l'univers, est encore aujourd'hui, quoiqu'elle ait été saccagée six fois par les Barbares, celle qui offre le plus de beaux monuments. On remarque parmi les monuments anciens, la colonne Trajane, le Panthéon, le Colysée, etc., et parmi les édifices modernes, la magnifique église de Saint-Pierre et les palais du Vatican et du Quirinal, résidences du pape (135 mille hab.).

Civita-Vecchia, port commerçant sur la Méditerranée. — *Ostie*, port près de l'embouchure du Tibre. — Tivoli, au N. E. de Rome, séjour délicieux, renommé par les cascades du *Teverone*. — Urbin, au S. E. de Ravenne; patrie de Raphaël. —

ANCONE, port fortifié sur l'Adriatique; le plus commerçant de toute cette côte (30 mille hab.).

Le pape possède encore, dans le royaume des Deux-Siciles, les duchés de PONTE-CORVO et de BÉNÉVENT, qui s'y trouvent enclavés, et qui ont pour capitales les villes dont ils portent les noms.

152. RÉPUBLIQUE DE SAINT-MARIN. — La petite république de SAINT-MARIN, qui renferme 7 mille habitants et une capitale du même nom sur une montagne escarpée, est située dans les États de l'Eglise, au N. de l'ancien duché d'Urbin, dans lequel elle se trouve enclavée.

153. ROYAUME DES DEUX-SICILES. — LIMITES. POPULATION. RELIGION. GOUVERNEMENT. — Le royaume des DEUX-SICILES, composé de la partie méridionale de l'Italie, de la Sicile et de quelques petites îles répandues sur les côtes, est borné au N. O. par les États du Pape, au N. E. et à l'E. par la mer Adriatique, au S. et à l'O. par la Méditerranée. Il a une superficie de 109,646 kilomètres carrés. Sa fertilité et la beauté de son ciel l'ont fait surnommer le paradis de l'Italie. — Sa POPULATION est de 9 millions 117 mille habitants, dont environ 7 millions pour les provinces *en deçà du Phare*, et 2 millions pour la Sicile. — Ils professent la religion catholique. — Le GOUVERNEMENT est monarchique et a pour chef un prince de la maison de Bourbon. Cette famille régna sur la Sicile seulement, pendant tout le temps que dura l'invasion de ses États par les Français au commencement de ce siècle.

154. DIVISIONS POLITIQUES ET ADMINISTRATIVES. — Le royaume des Deux-Siciles se divise en 22 provinces, partagées en 77 districts. La partie continentale est partagée en 4 grandes régions, qui sont : les *Abruzzes*, au N., le long de la mer Adriatique; la *Terre de Labour*, sur les côtes de la Méditerranée; la *Pouille*, au S. E. des Abruzzes, et la *Calabre*, qui occupe toute la partie méridionale de l'Italie; ces pays forment 15 provinces. Nous décrirons séparément la Sicile, divisée naturellement en 3 vallées subdivisées en 7 provinces.

PROVINCES CONTINENTALES. — Les PRINCIPALES VILLES du royaume des Deux-Siciles situées sur le continent sont : — NAPLES (*Napoli*), sur le golfe du même nom, capitale, surnommée *la Noble* et *la Gentille;* l'une des plus belles villes du monde, avec un bon port qui la rend très-commerçante (450 mille hab.).

A peu de distance au S. E. se trouve *Portici*, jolie ville avec un palais de plaisance, bâtie au pied du Vésuve, sur les ruines d'*Herculanum*. — *Aquila* et *Chieti*, au N., dans les Abruzzes. — *Manfredonia*, au N. E. de Naples, sur le golfe qui porte son nom. — *Bari*, au S. E. de Manfredonia, ville forte, sur la mer Adriatique (27 mille hab.). — *Otrante*, au S. E. de Bari, sur le détroit auquel elle donne son nom, et qui forme l'entrée de la mer Adriatique; archevêché. — *Tarente*, sur le golfe qui porte son nom, — *Cosenza*, au S. O. de Tarente. — Reggio, sur le Phare de Messine.

135. Sicile. — Position. Divisions. Villes remarquables. — La grande île de Sicile, située au S. de l'Italie, dont elle est, comme nous l'avons dit, séparée par le *Phare de Messine*, a 300 kilom. de long sur 200 environ de large, et une superficie de 26,983 kilom. carrés, et se divise naturellement en 3 vallées, dans chacune desquelles se trouve un des trois caps (cap *Faro* au N. E., cap *Boeo* à l'O. et cap *Passaro* au S.) qui lui avaient fait donner anciennement le nom de *Trinacrie*.

Ses villes remarquables sont : PALERME, au N., l'un des plus beaux ports de la Méditerranée, capitale de toute la Sicile; résidence du vice-roi; archevêché (167 mille hab.).

Messine, sur le détroit auquel elle donne son nom; capitale du *Val-Demona*. — Catane, au pied de l'Etna, grande ville, chef-lieu de la province du même nom (97 mille hab.). — *Siragosa* (Syracuse), au S., port de mer, qui de son ancienne splendeur ne conserve que des ruines magnifiques. — *Noto*, au S., capitale du *Val de Noto*. — Girgenti, l'ancienne Agrigente à l'O., capitale du *Val de Girgenti;* évêché. Jadis une des plus grandes et des plus riches cités de la Sicile.

Autres iles. — Les autres îles qui dépendent du royaume des Deux-Siciles sont : — Les îles de Lipari, situées au N. de la Sicile; elles sont au nombre de douze, dont la principale donne son nom au groupe, et a pour capitale une ville très-ancienne et très-forte qui porte aussi le même nom, et qui fut fondée par Barberousse en 1544, et rebâtie par Charles-Quint. — Pantellaria, située au S. O. de la Sicile. — A l'entrée du golfe de Naples, Capri (*Capræ*), séjour enchanteur mais d'un difficile accès, avec une capitale du même nom. — Ischia, qui renferme des mines d'or et d'argent, et une capitale du même nom.

156. Groupe de Malte. — Position. Population. Capitale. — L'île de Malte (*Melita*), située au S. de la Sicile, et ayant environ 90 kilomètres de circuit, appartient aujourd'hui aux Anglais. Elle est célèbre pour avoir été la demeure des chevaliers de Saint-Jean de Jérusalem, auxquels Charles-Quint la donna, en 1525, lorsqu'ils eurent été contraints d'abandonner Rhodes. Sa POPULATION, en y comprenant les petites îles de *Gozzo* et *Comino*, situées au N. O., et qui en dépendent, est de 160 mille habitants. — Malte a pour capitale CITÉ-LAVALETTE, au N., ville très-forte, avec un bon port.

On peut ajouter à ces îles celles de *Linosa* et de *Lampedusa*, situées plus au S. O., et dont les gouvernements de Malte et des Deux-Siciles se disputent la possession.

QUESTIONNAIRE — § I. 119. Quelles sont la position et les limites de la Suisse? — 120. Quelles sont les divisions politiques de la Suisse? — Faites connaître les 22 cantons avec leurs capitales et les divisions de ceux qui forment plusieurs États. — 121. Quel est le gouvernement? — Quelles sont la population des principaux cantons et les religions qui y sont pratiquées? — Quelles langues y sont parlées? — § II. 122. Quelles sont la position et les limites de l'Italie? — 123. Quelle est la population? — 124. Quelles sont ses îles principales? — 125. Quelles sont ses divisions? — 126. Quels sont les bornes, la population, la religion et le gouvernement du royaume de Sardaigne? — 127. De quels pays a été formé ce royaume? — 128. Quelles sont ses anciennes provinces? — Leurs villes principales? — 129. Quelles sont ses nouvelles provinces? — Faites-en connaître les villes principales. — 130. Indiquez les bornes, la population, la religion et le gouvernement du royaume Lombard-Vénitien. — De quels pays est-il composé? — 131. Quelles sont ses divisions politiques et ses villes principales? — 132 Quels sont les bornes, la population, la religion, le gouvernement et les divisions, les villes principales des Etats de l'Eglise? — 133. Décrivez la république de Saint-Marin. — 134. Faites connaître les limites, la population, la religion et le gouvernement du royaume des Deux-Siciles. — Quelles sont les divisions et les villes principales de ce royaume? — 135. Indiquez la position, les divisions et les villes remarquables de la Sicile. — Quelles sont les îles qui en dépendent? — 136. Faites connaître le groupe de Malte.

CHAPITRE DOUZIÈME.

ESPAGNE ET PORTUGAL.

SOMMAIRE.

§ I. ESPAGNE. 137. L'Espagne est bornée par les Pyrénées et le golfe de Biscaye, par l'Atlantique et le Portugal, le détroit de Gibraltar et la Méditerranée.

§ I. — ROYAUME D'ESPAGNE.

137. Position. Limites. — Le royaume d'Espagne, qui occupe la plus grande partie de la vaste péninsule à laquelle il a donné son nom, est renfermé entre les 36° et 44° degrés de latitude N., et entre le 12° degré de longitude O. et le 2° degré de longitude E., en y comprenant l'archipel des îles *Baléares*, qui en fait partie. — Ce royaume est borné au N. par les Pyrénées, qui le séparent de la France, et par le golfe de Biscaye; à l'O. par l'océan Atlantique et le Portugal ; au S., par l'océan Atlantique, le détroit de Gibraltar, et la Méditerranée, qui lui sert aussi de borne à l'E.

138. Grandes divisions politiques. — L'Espagne se

138. L'Espagne se divisait en 14 provinces; maintenant elle forme 11 gouvernement généraux et 49 provinces, qui portent généralement les noms de leurs chefs-lieux.

139. Provinces du Nord, principales villes : Saint-Jacques de Compostelle, Oviédo, Bilbao, Pampelune, Saragosse et Barcelone.

140. Provinces du Centre : Madrid, capitale du royaume, Léon, Salamanque, Badajoz, Tolède, Valence.

141. Provinces du Midi : Cordoue, Séville, Cadix, Jaen, Gibraltar (aux Anglais), Grenade, Murcie.

142. Les principales îles sont les Baléares, savoir : Majorque, Minorque, Iviza et Formentera.

143. L'Espagne a une population de 16 millions d'habitants catholiques. Le gouvernement est une monarchie constitutionnelle.

144. Les colonies sont : en Afrique, les Présides, sur la côte du Maroc, et les îles Canaries; en Amérique, Cuba et Porto-Rico; en Océanie, les Philippines.

145. Elle a 120,000 soldats, 145 bâtiments de guerre, dont 3 frégates. Les revenus s'élèvent à environ 180 millions.

146. La république d'Andorre, située dans les Pyrénées, entre la France et l'Espagne, a 16,000 habitants; elle est gouvernée par un conseil de 24 membres, 1 syndic et 2 viguiers. Capitale, Andorre-la-Vieille.

§ II. Portugal. 147. Le royaume de Portugal est borné par l'Atlantique et par l'Espagne.

148. Le Portugal est divisé en 7 provinces, subdivisées en 17 districts, dont 4 formés par les îles Açores, Madère et du Cap-Vert. Les 7 provinces sont celles de Minho, au N. O.; Tras-os-Montes, au N. E ; de Haut et Bas-Beira et Estrémadure, au centre; Alem-Tejo et Algarves, au S. Leurs villes principales sont : Lisbonne, capitale; Braga, Bragance, Lamégo, Evora, Ourique, etc.

149. Les colonies sont : en Afrique, les îles Açores, Madère et du Cap-Vert; en Asie, Goa dans l'Hindoustan, Macao en Chine; en Océanie, des établissements aux îles Timoriennes. Lisbonne et Oporto sont les ports principaux.

150. Il y a 3 millions et demi d'habitants et un gouvernement représentatif.

divisait autrefois en 14 provinces, dont plusieurs ont porté le titre de royaumes, savoir : 6 au N., qui sont, de l'O. à l'E. : la *Galice*, les *Asturies*, les *provinces Basques*, la *Navarre*, l'*Aragon* et la *Catalogne;* 5 au milieu, qui sont : le royaume de *Léon*, l'*Estrémadure*, la *Vieille* et la *Nouvelle-Castille*, et le royaume de *Valence;* 2 au S., qui sont : l'*Andalousie*, qui comprend les 4 royaumes de *Séville*, *Cordoue*, *Jaen* et *Grenade*, et le royaume de *Murcie;* une dans la Méditerranée, composée des *îles Baléares*. — Aujourd'hui l'Espagne est divisée en 11 *gouvernements généraux*, formés presque tous des anciennes provinces, et en 49 provinces ou *intendances* qui portent également le nom de leur résidence.

139. Provinces du Nord. — Les *principales villes du nord* de l'Espagne sont : — Saint-Jacques de Compostelle (*Santiago*), au N. O., à peu de distance de l'Atlantique; ancienne capitale de la *Galice*, archevêché; lieu d'un célèbre pèlerinage au tombeau de saint Jacques le Majeur, qu'on y a cru enterré. — Au N., le Ferrol, excellent port militaire et magnifique arsenal maritime; et la Corogne, bon port de commerce, tous deux sur l'Atlantique. Le dernier est maintenant la capitale du gouvernement général de *Galice*. — Oviédo, ancienne capitale des *Asturies*. — Bilbao, à l'E. d'Oviédo, ancienne capitale de la *Biscaye*. — Pampelune, au S. E. de Bilbao, ville très-forte, capitale du gouvernement général de *Cantabrie* et de la province de *Navarre*, au N. de laquelle se trouve *Roncevaux*, célèbre par la mort du fameux paladin Roland, neveu de Charlemagne. — *Fontarabie*, petite place forte à l'embouchure de la Bidassoa. — Saragosse, sur l'Èbre, au S. E. de Pampelune, capitale de l'*Aragon;* fameuse par le siége opiniâtre qu'elle soutint contre les Français en 1809. — Barcelone, à l'E. de Saragosse; ville très-forte, avec un bon port sur la Méditerranée, capitale de la *Catalogne*, et l'une des villes les plus riches et les plus industrieuses de l'Espagne (200 mille hab.).

140. Provinces du Centre. — Les *principales villes des provinces du centre* de l'Espagne sont : — Madrid, au centre, capitale de la *Nouvelle-Castille* et de toute l'Espagne, sur le *Mançanarès*, ruisseau qu'on passe sur un pont magnifique; c'est la plus élevée et l'une des plus petites capitales de l'Europe. (Population, environ 400 mille hab.)

A peu de distance de cette ville sont les châteaux royaux de l'*Escurial*, sur la *Guadarrama*, et d'*Aranjuez*, sur le Tage — Léon, au S. E. d'Oviédo, capitale de l'ancien royaume du même nom. — Burgos, à l'E. de Léon, ancienne capitale de la

Vieille-Castille, et aujourd'hui du gouvernement général de son nom, patrie du Cid. — SALAMANQUE, au S. de Léon, fameuse université. — BADAJOZ, au S. O. de Salamanque, sur la Guadiana, que l'on y passe sur un pont de 620 mètres de long; capitale de l'*Estrémadure Espagnole*. — TOLÈDE, sur le Tage, au S. de Madrid; fameuse université; elle fut, avant Madrid, la capitale de l'Espagne. — VALENCE, au S. E. de Tolède, sur la Guadalaviar, a 5 kilom. de la mer, capitale de l'ancien royaume du même nom, et du gouvernement général de *Valence* et *Murcie*, l'une des plus florissantes villes d'Espagne (70 mille hab.). — Au S. se trouve *Alicante*, ville fameuse par ses vins de liqueur.

141. PROVINCES DU MIDI. — Les *principales villes du midi* de l'Espagne sont: CORDOUE (*Cordova*), sur le Guadalquivir, au S. O. de Tolède, dans l'Andalousie; ville très-florissante sous les Maures; patrie du célèbre capitaine Gonzalve. — SÉVILLE, au S. O. de Cordoue, sur le même fleuve; capitale de l'*Andalousie*, si belle qu'on en a dit: *Qui n'a point vu Séville n'a point vu de merveille*. C'est la patrie de Michel Cervantes (91 mille hab.). — CADIX, au S. O. de Séville, dans la même province; bon port, et l'une des villes les plus commerçantes du monde (53 mille hab.); très-forte par sa position dans une petite île réunie au S. par une chaussée à l'île de *Léon*. — On trouve encore dans l'Andalousie *Xérès* et *Rota*, renommées par leurs vins, et le fort de GIBRALTAR, sur le détroit de ce nom; il est situé sur un rocher à 450 mètres au-dessus de la mer, et appartient depuis 1704 aux Anglais, qui s'en sont emparés par surprise. — GRENADE, à l'E. de Séville; capitale du gouvernement et de l'ancien royaume de son nom, le dernier que les Maures aient possédé en Espagne, et d'où ils furent chassés en 1492. Ils ont bâti dans cette ville un palais magnifique nommé *Alhambra*, qui subsiste encore (80 mille hab.). — MURCIE, au N. E. de Grenade, ancienne capitale du royaume de son nom, conquise sur les Maures. en 1263, par Ferdinand, roi de Castille. — CARTHAGÈNE, au S. E. de Murcie, port sur la Méditerranée, le meilleur de l'Espagne, et l'un des plus considérables de l'Europe (40 mille hab.). — MALAGA, port de mer, au S. de la même province, renommée par ses vins (65 mille hab.).

142. ILES DÉPENDANTES DE L'ESPAGNE. — Les PRINCIPALES ILES que l'Espagne possède en Europe sont les anciennes ILES BALÉARES, situées dans la Méditerranée, au nombre de 4, savoir: MAJORQUE, la plus grande du groupe, de 160 kilom. de circuit et peuplée de 180 mille habitants; capitale *Palma*, au S.

— MINORQUE, au N. E. de Majorque (45 mille hab.); villes : *Citadella*, à l'O., et *Port-Mahon*, port sûr et commode à l'E. — IVIZA ou *Iviça*, au S. O. de Majorque, avec une capitale du même nom; elle est très-forte, et produit beaucoup de sel. — FORMENTERA, au S. d'Iviça, doit, dit-on, son nom au froment qu'on y récolte en abondance.

143. POPULATION. RELIGION. GOUVERNEMENT. — L'Espagne renferme une POPULATION de 16 millions d'habitants, professant tous la RELIGION CATHOLIQUE. — Son GOUVERNEMENT est une monarchie constitutionnelle dans laquelle le trône est héréditaire, même pour les femmes, et où la nation est représentée par l'assemblée des *Cortès*, composée de deux *chambres*, celle des *Procères* ou Sénateurs, choisis par le souverain sur des listes présentées par les électeurs, et celle des *Procuradores* ou Députés, nommés directement par les électeurs, les uns et les autres pour trois ans seulement.

144. COLONIES. — L'Espagne, autrefois le plus riche des États de l'Europe en possessions lointaines, conserve encore dans les diverses parties du monde des COLONIES assez importantes, savoir :

En AFRIQUE, les villes fortifiées dites *Présides* (Ceuta, Melilla, Peñon de Velez, etc.), sur la côte septentrionale du Maroc, et le groupe des îles *Canaries*, groupe composé de 7 grandes îles et de plusieurs petites. La plus remarquable est TÉNÉRIFE, fameuse par le pic haut 3,719 mètres dont elle porte le nom. Villes principales : *Laguna* et *Santa-Cruz*. — L'*île de Fer*, où l'on faisait autrefois passer le premier méridien, et l'*île Canarie*, qui a donné son nom au groupe.

En AMÉRIQUE : les riches et importantes îles de *Cuba* (capitale, la HAVANE) et de *Porto-Rico*, dans les Grandes Antilles.

En OCÉANIE : l'archipel des îles *Philippines*, dont les principales sont : *Luçon*, capitale, MANILLE, ville riche et commerçante, et *Mindanao*. — Un établissement aux îles *Mariannes*.

145. ARMÉE. MARINE. REVENU. DETTE. — L'ARMÉE RÉGULIÈRE s'élève à environ 120 mille hommes. La MARINE se compose de 145 bâtiments portant 953 canons; on compte 3 vaisseaux, une dizaine de frégates, le reste se compose de vapeurs et de bâtiments légers — Les REVENUS montent à environ 180 millions et la DETTE à 4 milliards.

146. RÉPUBLIQUE D'ANDORRE. — POSITION. ÉTENDUE. POPULATION. GOUVERNEMENT. CAPITALE. — Le territoire de la république d'ANDORRE se compose d'une vallée située au milieu de la chaîne des Pyrénées, entre la province espagnole de la

Catalogne et le département français de l'Ariége. — Cette vallée, d'environ 30 kilom. de long sur 25 de large, est arrosée par la *Balira*, affluent de la *Sègre*, rivière tributaire de l'Èbre; elle a 16 mille habitants, pasteurs pour la plupart, et répartis en 34 villages ou hameaux, formant 6 communautés. — Cette petite république, placée sous la protection de la France et de l'Espagne, est gouvernée par un *conseil général* de 24 membres, nommés à vie par les 6 communautés. Un *syndic* élu à vie par le conseil est chargé du pouvoir exécutif, et deux *viguiers* sont chargés de l'administration, de la justice et du maintien de la tranquillité publique. L'un de ces viguiers est Français et nommé par la France pour un temps indéfini; l'autre doit être Andorrais de naissance et nommé pour trois ans par l'évêque d'Urgel en Espagne. — ANDORRE-LA-VIEILLE, petite ville de 2 mille habitants sur la Balira, est la capitale de la république.

§ II. — ROYAUME DE PORTUGAL.

147. POSITION. LIMITES. — Le royaume de PORTUGAL, le plus occidental des Etats de l'Europe méridionale, est situé au S. O. de la grande péninsule Hispanique, entre le 36° et le 42° degré de latitude N., et entre le 9° et le 12° degré de longitude O. — Il est borné à l'O. et au S. par l'océan Atlantique, et de tous les autres côtés, par l'Espagne.

148. DIVISIONS POLITIQUES. — CAPITALE. VILLES PRINCIPALES. — Le royaume de PORTUGAL est partagé en 7 provinces, subdivisées en 17 districts, dont 4 sont formés par les archipels des *Açores*, de *Madère* et du *Cap Vert*, qui se rattachent géographiquement à l'Afrique. — Les 7 provinces sont celles du *Minio* ou *Minho*, au N. O.; de *Tras-os-Montes*, au N. E.; de *Haut-Beira*, de *Bas-Beira* et *Estrémadure*, au centre; d'*Alem-Téjo*, plus au S. et des *Algarves*, sur la côte méridionale.

Les VILLES PRINCIPALES du Portugal sont : LISBONNE (*Lisboa*), à l'embouchure du Tage; capitale de l'*Estrémadure portugaise* et de tout le royaume, résidence des souverains. Son port, qui est très-vaste, passe pour un des meilleurs de l'Europe. Renversée par le tremblement de terre de 1755, elle est entièrement réparée (260 mille hab.).

Au S. O. se trouve *Bélem*, sur le Tage, sépulture des rois. — BRAGA, au N., archevêché; capitale de la province du *Minio*, dont la ville principale, située à l'embouchure du *Douro*, est le port de *Porto* ou *Oporto*, renommé par ses vins, et devenu par son commerce, la seconde ville du Portugal (62 mille h.). — BRAGANCE, au N. E. de Braga, capitale de la province de *Tras-os-Montes* ou *au delà des monts*. Cette ville a donné son nom à la famille actuellement régnante. — COIMBRE, au S. de Braga, la ville la plus importante des deux provinces de *Beira*, et ancienne résidence des rois; fameuse université (15 mille habitants). — *Lamego*, plus au N. E. dans la même province, célèbre par la réunion des Cortès de 1144, qui posèrent les bases de la constitution portugaise. — EVORA, au S. E. de Lisbonne, capitale de l'*Alem-Téjo* ou en *deçà du Tage*, province riche en oliviers et en fruits exquis, mais marécageuse. — *Ourique*, plus au S. O., dans la même province, célèbre par la victoire qu'Alphonse Henriquez y remporta sur les Maures en 1139, et à la suite de laquelle il fut proclamé roi. — TAVIRA, sur l'Océan, capitale des Algarves.

149. COLONIES. — Les COLONIES et possessions éloignées des Portugais sont :

En AFRIQUE : 1° Les AÇORES, groupe de dix îles peuplées de 200 mille habitants, situées sous un climat délicieux, et dont la principale est *Terceire*, capitale *Angra*, résidence du gouverneur; — 2° MADÈRE, peuplée de 80 mille habitants, célèbre par son vin, capitale *Funchal;* — 3° les ILES DU CAP-VERT, au N. O. du cap de ce nom, au nombre de vingt, peuplées de 45,000 habitants; la principale est *San Yago*, capitale *Porto Praya* : cette île est fertile, mais malsaine.

En ASIE : sur la côte occidentale de l'*Hindoustan*, Goa, Diu, et sur la côte méridionale de la *Chine*, *Macao*.

En OCÉANIE, quelques îles dans l'archipel des *Iles Timoriennes*. — L'étendue de ces diverses possessions comprend en totalité environ 46,100 kilomètres carrés et une population de 830 mille habitants.

150. ETENDUE. POPULATION RELIGION. GOUVERNEMENT. — Le PORTUGAL a environ 550 kilomètres de long sur 260 de large, et renferme plus de 3 millions et demi d'habitants, professant presque tous la religion catholique. — Son GOUVERNEMENT est une monarchie représentative dans laquelle la couronne est héréditaire, même pour les femmes, et où la nation est représentée par l'assemblée des *Cortès*, composée de deux *chambres*, celle des *Pairs*, en nombre illimité, nommés par le souverain, soit à vie, soit à titre héréditaire, et celle des *Députés*, nommés pour quatre ans par des électeurs, élus eux-mêmes dans des *Assemblées paroissiales*.

QUESTIONNAIRE. — § I. 137. Quelles sont la position et les limites de l'Espagne? — 138. Quelles sont les anciennes divisions? — Quelles sont les divisions actuelles? — 139, 140. Indiquez les villes principales des provinces du nord et du centre. — 141. Indiquez celles du midi. — 142. Quelles sont les îles qui dépendent de l'Espagne? — 143. Quelles sont la population et la religion? — Quel est le gouvernement? — 144. Quelles sont les colonies? — 145. Faites connaître l'armée, la marine, le revenu et la dette de l'Espagne. — 146. Décrivez la république d'Andorre. — § II. 147. Quelles sont la position et les limites du Portugal? — 148. Quelles sont les divisions et les villes principales? — 149. Quelles sont les colonies et possessions lointaines? — 150. Quelles sont l'étendue et la population du Portugal? — Quels sont la religion et le gouvernement?

CHAPITRE TREIZIÈME.

TURQUIE D'EUROPE ET GRÈCE.

SOMMAIRE.

§ I. TURQUIE D'EUROPE. 151. La Turquie occupe le nord de la péninsule turco-grecque : elle est bornée au N. par la Russie et l'Autriche; à l'O. par l'Illyrie, la mer Adriatique et la mer Ionienne; au S. et à l'E. par la Grèce, le détroit des Dardanelles, la mer de Marmara et la mer Noire.

152. Les États se divisent en provinces immédiates et provinces médiates. Les médiates sont : la Moldavie, la Valachie et la Servie. Les immédiates forment 4 eyalets et 24 pachaliks : 1° eyalet de Bosnie, 2° de Roum-Ili, 3° de Silistrie, 4° des Djezairs ou des Iles.

153. Les villes principales sont : Constantinople, capitale de l'empire, Andrinople, Varna, Schoumla, Gallipoli, Sophia, Scutari, Salonique, Larisse et Bosna-Seraï.

154. Les principales îles qui en dépendent sont : Tasso, Samotraki, Imbro, Stalimene, Candie.

155. La population est d'environ 15 millions d'habitants, dont plus des deux tiers suivent la religion grecque; le reste musulman. Ils appartiennent à 5 races : les Turcs, les Slaves, les Roumains, les Grecs et les Bohémiens. Le gouvernement est une monarchie à peu près absolue, gouvernée par le sultan.

156. Les possessions hors d'Europe sont : la Turquie d'Asie, divisée en 5 parties; quelques États de l'Arabie, l'Égypte, Tripoli et Tunis sont tributaires seulement.

157. L'armée monte à 400 mille hommes. La marine compte 50 grands bâtiments, dont 20 vaisseaux. Le revenu est d'environ 80 millions.

§ II. PRINCIPAUTÉS DANUBIENNES. 158. Les principautés danubiennes, Moldavie, Valachie et Servie, sont placées sous la suzeraineté de la Porte, à laquelle elles payent tribut.

159. 1° La Moldavie, bornée par l'Autriche, la Russie et le Danube,

capitale Jassy ; 2° la Valachie, au S. de la Moldavie et des Karpathes. capitale Bucharest; 3° la Servie, au S. O., gouvernée par un prince héréditaire; capitale Semendria, ville principale Belgrade.

§ III. Grèce 160. La Grèce, avec les îles qui en dépendent, est bornée par la Turquie, par la mer Ionienne, par la Méditerranée et par l'Archipel.

161. La Grèce se partage en trois parties : la Livadie au N., la Morée au S., et les îles. Elle est divisée en 10 nomarchies et 19 éparchies. Les villes principales sont : Athènes, capitale du royaume, Lépante, Corinthe, Nauplie, Patras.

162. Les principales îles sont : 1° Négrepont; 2° au N. E., Skiato, Scopélo, Sarakino, et les autres petites îles ; 3° les Cyclades, Andro, Tino, Syra, Naxia, Paro, Santorin, Milo, etc. ; 4° Colouri, Engia, Poros, Hydra, Spetzia, sur les côtes de la Morée.

163 La population est d'environ 1 million d'habitants, professant la religion grecque. Le gouvernement est une monarchie représentative.

§ IV. Iles Ioniennes. 164. Situées sur la côte occidentale de la Grèce, elles sont sous le protectorat de l'Angleterre. Ces 7 îles sont : Cérigo, Zante, Céphalonie, Théaki, Sainte-Maure, Paxo, Corfou, avec une capitale du même nom.

§ I. — TURQUIE D'EUROPE.

151. Situation et limites. — La Turquie (*Islam*) d'Europe est renfermée entre les 39° et 46° degrés de latitude N., et les 13° et 27° degrés de longitude E., non compris la grande île de *Crète*, située sous le 35° degré de latitude N., et entre les 21° et 24° de longitude E. — La Turquie d'Europe occupe presque toute la partie septentrionale de la grande péninsule orientale de l'Europe appelée péninsule *Turco-Grecque*. — Cet empire est borné au N. par la Russie et l'Autriche; à l'O., par le royaume d'Illyrie, la mer Adriatique, le canal d'Otrante et la mer Ionienne; au S., par la Grèce, le détroit des Dardanelles et la mer de Marmara; et à l'E., par le canal de Constantinople et la mer Noire. — Outre l'île de *Candie*, toutes les *îles du nord de l'Archipel* appartiennent aussi à la Turquie d'Europe.

152. Divisions politiques et administratives. — Les États soumis au sultan en Europe sont de deux espèces : les provinces *immédiates* et les provinces *médiates*. Ces dernières, qui forment des États plutôt tributaires que sujets de la Porte Ottomane, sont au nombre de trois, savoir : la *Moldavie* et la *Valaquie* ou *Valachie*, situées au N. du Danube et de l'Empire, et la *Servie*, sur la rive droite du Danube. Ces provinces ont reçu le nom de principautés danubiennes (elles seront décrites au n° 140). — Les provinces immédiates sont divisées en 4 grands gouvernements ou *eyalets*, subdivisés en 24 *pachaliks*. Ces 4 eyalets sont : 1° celui de *Bosnie*, comprenant la partie de de la *Croatie* qui appartient à la Turquie ; 2° l'eyalet de *Romélie* (Roum-Ili, pays des Romains) au centre, comprenant l'*Albanie* et les anciennes contrées célèbres sous les noms de Thessalie, Macédoine et Thrace ; 3° l'eyalet de *Silistrie*, sur les rivages de la mer Noire ; 4° enfin l'eyalet des *Djézaïrs* ou des Iles, qui, outre les îles répandues dans le N. et l'E. de l'Archipel, comprend aussi une partie du littoral de cette même mer, et de celle de Marmara. — L'île de *Candie*, au S. de l'Archipel, forme un gouvernement particulier.

155. Villes principales.— Les villes principales de la Turquie sont :

Dans l'eyalet de Silistrie : CONSTANTINOPLE (*Stamboul*), sur le détroit de son nom, fondée par Constantin, dans la position la plus belle et la plus avantageuse de l'univers, avec un port immense nommé la *Corne-d'Or*; prise, en 1453, par Mahomet II, qui en fit la capitale de son empire (800 mille h.). — Andrinople, au N. O. de Constantinople, sur la Maritza ; elle a été le séjour des sultans : 110 mille habitants. — *Varna*, bon port sur la côte occidentale de la mer Noire, célèbre par la bataille qu'y gagna, en 1444, le sultan Amurath II. — *Schoumla*, à l'O. de Varna, au pied d'une petite chaîne qui se rattache aux monts Balkans ; ville très-forte. — *Silistrie*, sur le Danube, ville forte qui résista énergiquement aux Russes, lesquels en firent inutilement le siége en 1854.

Dans l'eyalet des îles : Gallipoli, port dans la péninsule et sur le détroit des Dardanelles, ville industrieuse et commerçante (60 mille hab.). — *Rodosto*, archevêché grec, sur la mer de Marmara.

Dans l'eyalet de Roum-Ili : *Vidin* et *Routschouk*, places fortes sur le Danube. — Sophia, capitale de la *Bulgarie* et résidence du beglerbeg ou gouverneur général des provinces centrales de la Turquie d'Europe. — *Scutari* (Scodra), au S., sur le lac du même nom ; grande ville, capitale de l'*Albanie*; résidence du pacha et d'un évêque catholique romain. — Salonique, au S. O., sur le golfe de ce nom ; ville considérable et très-commerçante ; (50 mille hab.). — *Larisse*, sur la Salembria, au S. ; entrepôt des provinces méridionales, archevêché grec (30 mille hab.). — *Ianina*, au N. O., dans une île au bord du lac, devenue célèbre par la domination et la mort du fameux pacha Ali.

Dans l'eyalet de Bosnie : Bosna-Serai, ou *Serajevo*, ville grande, industrieuse et bien peuplée (70 mille hab.) ; capitale de l'eyalet, dont toutefois le pacha réside à *Travnick*, petite ville forte, située plus au N. O.

154. Iles qui dépendent de la Turquie d'Europe. — Les îles qui dépendent de la Turquie d'Europe sont :

1° Au N. de l'Archipel : Tasso (ancienne Thasos) ; — Samotraki ; — Imbro ; — Stalimène ou Lemnos, la plus grande des quatre.

2° Au S. de l'Archipel, la grande île de Candie (ancienne Crète), d'environ 900 kilomètres de tour, et peuplée de 240 mille habitants. Cette île, la plus grande de l'ancienne Grèce, appartient, depuis 1669, aux Turcs, qui l'ont divisée en trois pachaliks, dont les capitales sont : Candie, port fortifié, sur la côte septentrionale, archevêché grec et la principale ville de l'île (15 mille hab.) ; — Retimo, à l'O. de Candie ; La Canée, à l'O. de Rétimo ; ports munis de quelques fortifications. — *Spachia*, ou *Sphakie*, port situé sur la côte méridionale, a des habitants qui se livrent au commerce et à la piraterie. Ils sont indépendants des Turcs, ainsi que les *Abdiotes* qui habitent au S. E. et qui sont un reste des Sarrasins.

155. Population. Races. Religions. Gouvernement. — La population de la Turquie d'Europe est estimée à près de 15 millions d'habitants, dont les deux tiers environ sont Grecs et suivent la religion grecque ; le reste se compose, pour la plus grande partie, de Turcs qui sont mahométans de la secte d'Omar. Cette population appartient à 9 races principales : 1° les *Turcs ;* 2° les *Slaves*, au N. ; 3° les *Roumains ;* 4° les *Albanais* et les *Grecs ;* enfin, 5° un grand nombre de *Bohémiens* ou *Zigueunes*. — Le gouvernement de l'empire Ottoman, nommé souvent *la Porte Ottomane ou la sublime Porte*, est une monarchie faiblement tempérée par une *assemblée législative* nommée par le *sultan*, chef du pouvoir, que l'on nomme quelquefois aussi *le Grand-Turc* ou *le Grand-Seigneur*.

156. Possessions hors de l'Europe. — Hors de l'Europe, la Turquie possède des provinces en Asie et en Afrique.

Les provinces d'Asie soumises immédiatement sont : 1° l'*Asie Mineure*, capitale Smyrne ; 2° l'*Arménie Turque*, capitale Erzeroum ; 3° le *Kurdistan*, cap. Mossoul ; 4° l'*Al-Djézireh*, ou l'Irak-Arabi, villes principales : *Diarbekir* et *Bagdad ;* 5° la *Syrie* et la *Palestine*, villes principales : *Alep, Damas* et *Jérusalem*. — Quelques petits États situés en *Arabie* ne sont que tributaires.

Les provinces d'Afrique ne sont également que tributaires de l'empire Ottoman ; ce sont : 1° l'*Égypte*, gouvernée par un vice-roi; la *régence de Tripoli*, gouvernée par un pacha; et 3° la *régence de Tunis*, gouvernée par un bey.

157. Armée. Marine. Revenu. — L'armée se compose de troupes régulières, *Nizam* et *Redif*, et de troupes irrégulières. Elle est forte d'environ 400 mille hommes et peut être beaucoup augmentée en cas de guerre. — La marine, qui depuis ces derniers temps a reçu un développement assez considérable, se compose de près de 50 bâtiments de haut bord, dont 20 vaisseaux, et d'un assez grand nombre de bâtiments à vapeur et de transports. — Le revenu de l'empire peut être évalué à 80 millions.

§ II. — PRINCIPAUTÉS DANUBIENNES.

158. Situation politique des principautés danubiennes. — Les principautés danubiennes, au nombre de trois : *Moldavie, Valachie, Servie*, étrangères à la Turquie par la religion et les mœurs, sont placées sous sa suzeraineté plutôt que sous sa domination. Leur dépendance se borne à peu près au payement d'un tribut et à l'investiture du gouverneur dans deux d'entre elles (Moldavie et Valachie) (1).

159. Description des principautés danubiennes. — 1° La Moldavie est bornée au N. par l'Autriche et la Russie, et au S. E. par le Danube. Elle a pour villes remarquables : — Jassy, capitale, à l'E.; siège d'un gouvernement et d'un archevêché grec (50 mille hab.). — *Galatz*, au S. E., est un port fréquenté, sur le Danube.

2° La Valachie, au S. de la Moldavie et des monts Karpathes, bornée au S. et à l'E. par le Danube. — Bukharest (*Boukouresti*), au S. O. de Jassy; archevêché grec, ville grande et commerçante, mais malsaine (130 mille habit.).

3° La Servie, au S. O. de la Valachie, s'étend du Danube au mont Argentaro. Elle est gouvernée par un prince héréditaire, tributaire de la Turquie, mais du reste entièrement indépendant. — Sa capitale est Semendria (*Smederewo*), sur le Danube, résidence du prince et du sénat. —*Belgrade* est la ville la plus importante, place très-forte au confluent de la Save et du Danube (30 mille habit.).

---

(1) Un congrès réuni à Paris en avril 1856 a jeté les bases d'une nouvelle organisation pour ces contrées.

§ III. — GRÈCE.

160. SITUATION ET LIMITES. — Le royaume de GRÈCE (*Hellas*), avec les nombreuses îles qui en dépendent, est compris entre les 36° et 40° degrés de latitude N., et entre les 18° et 24° degrés de longitude E. — Cette contrée, qui, en 1827, s'est soustraite au joug des Turcs par une lutte héroïque et sanglante, est bornée au N. par la Turquie, à l'O. par la mer Ionienne, au S. par la Méditerranée, et à l'E. par l'Archipel. — Elle a environ 260 kilomètres de long du N. au S., et 250 dans sa plus grande largeur de l'O. à l'E.

161. DIVISIONS NATURELLES ET ADMINISTRATIVES. — La GRÈCE se divise naturellement en trois parties, savoir : la *Livadie*, au N., du golfe de Corinthe et à l'E. de celui d'Athènes : la presqu'île de *Morée*, au S. du golfe de Corinthe, et les *îles* répandues le long des côtes orientales de la Grèce. — Sous le rapport politique, la Grèce est divisée en 10 *nomarchies* et 19 *éparchies*.

VILLES ET PORTS PRINCIPAUX. — LES PRINCIPALES VILLES de la Grèce sont : — ATHENES, dans une péninsule, séparée de la Morée par le golfe qui porte son nom ; capitale de la nomarchie d'*Attique et Béotie* et de tout le royaume de Grèce. Elle a dû cette distinction à son ancienne célébrité et aux monuments de l'antiquité qu'elle conserve encore, parmi lesquels on distingue surtout les restes du *Parthénon* ou temple de Minerve, bâti sur le rocher élevé qui sert de citadelle, et que l'on nomme encore aujourd'hui l'*Acropolis*. Cette ville, où la France possède, depuis l'année 1846, un établissement d'instruction publique, compte environ 40 mille habitants. — Le *Pirée*, comme autrefois, sert de port à Athènes.

LÉPANTE, ville très-forte sur le golfe du même nom, à l'entrée duquel don Juan d'Autriche, remporta, en 1571, la fameuse victoire navale qui arrêta les progrès des Turcs en Europe. — A peu de distance vers l'O., à l'extrémité d'une langue de terre qui s'avance dans le golfe, se trouve *Missolonghi*, fameuse par la défense héroïque de ses habitants contre les Turcs, en 1826. — CORINTHE, dans la Morée, à l'entrée de l'isthme auquel elle a donné son nom. — TRIPOLITZA, à peu près au centre de la Morée, non loin des ruines de *Mantinée*, capitale de la nomarchie d'*Arcadie*. — NAUPLIE ou NAPOLI DE ROMANIE, au N. E. de Tripolitza, ville très-forte avec un bon port, fut pendant plusieurs années le siége du gouvernement grec, capitale de la nomarchie d'*Argolide*, dans laquelle on trouve, un peu plus au N. O., *Argos*, célèbre dans l'histoire de l'ancienne Grèce. — PATRAS, port très-commerçant sur le golfe auquel il donne son nom, capitale de la nomarchie d'*Achaïe*. — NAVARIN (près de l'ancienne Pylos), au S. O., port devenu célèbre par la destruction de la marine turque, en 1827, opérée par les flottes française, anglaise et russe réunies. — SPARTA, ville nouvelle récemment élevée sur les ruines de l'ancienne Sparte, capitale de la nomarchie de *Laconie*.

162. ILES QUI DÉPENDENT DE LA GRÈCE. — Les ILES QUI DÉPENDENT DE LA GRÈCE sont : 1° La grande île de NÉGREPONT, sur la côte orientale de la Livadie, dont elle est séparée par le détroit de Négrepont (ancien Euripe), célèbre par la singularité de son flux et de son reflux, et traversé dans son point le plus resserré par un pont de 17 mètres. L'île a environ 500 kilomètres de circuit; elle forme la nomarchie d'*Eubée*, chef-lieu KHALKIS, nommé aussi *Egribos* ou *Négrepont*, sur le détroit; ville forte, considérée comme l'une des clefs de la Grèce. — 2° Les petites îles situées au N. E. de Négrepont, dont les principales sont : SKIATO, qui possède une bonne rade; — SKOPELO et SARAKINO, dont les vins sont estimés; — CHELIDROMIA et PELAGNISI, au N. E.; — SKIRO (ancienne Scyros), au S. E., riche en beaux marbres. — 3° Les CYCLADES, ainsi appelées (de κύκλος, en grec *cercle*), par les Anciens, qui les croyaient rangées en rond autour de l'île de DÉLOS, aujourd'hui SDILI, célèbre par le culte d'Apollon; elles occupent tout le sud de l'Archipel. Les plus remarquables sont : ANDRO (Andros), à la pointe S. E. de Négrepont; — TINO (Tenos), au S. E., très-bien cultivée et produisant beaucoup de soie; — MYCONI (Myconos); — SYRA (Syros), qui renferme la ville d'*Hermopolis*, fondée depuis quelques années seulement, mais que son commerce a déjà rendue une des plus importantes de la Grèce; — NAXIA (Naxos), au S. E., la plus considérable des Cyclades; — PARO (Paros), à l'O.; — AMORGO (Amorgos), au S. E.; — SANTORIN (Thera), au S.; — MILO (Melos), à l'O., possède un des meilleurs ports de la Méditerranée; ces îles ont des capitales qui portent les mêmes noms. — 4° Les îles situées sur la côte de la Morée, savoir : COLOURI (ancienne Salamine). — ENGIA (ancienne Egine). — POROS, qui doit à la beauté et à la commodité de son port d'avoir été choisie pour l'établissement des chantiers de la marine royale. — HYDRA (Hydrea), dont les habitants, les plus habiles marins de l'Archipel, se sont montrés les ennemis les

plus redoutables des Turcs, dans la guerrre que leur ont faite les Grecs pour se soustraire à leur domination. Sa capitale, qui porte le même nom, est une des villes les plus jolies et les plus peuplées de la Grèce et possède des chantiers de construction très-considérables. — SPETZIA, à l'entrée du golfe de Nauplie, avec une capitale du même nom, qui possède une importante marine marchande.

163. GOUVERNEMENT. POPULATION. RELIGION. — La POPULATION de la Grèce, cruellement décimée par les malheurs de la guerre, ne s'élève qu'à environ 1 million d'habitants, professant la religion grecque, dont une des branches est réunie à l'Église catholique. — Le GOUVERNEMENT de la Grèce, après avoir varié plusieurs fois depuis que ce pays a recouvré son indépendance, est devenu, au commencement de l'année 1832, une monarchie héréditaire, sous la souveraineté du roi Othon, fils du roi de Bavière; une *constitution* proclamée en 1844 y a établi le gouvernement représentatif avec un *sénat* et une *chambre des députés.*

§ IV. — ILES IONIENNES.

164. DESCRIPTION DES ILES IONIENNES. VILLES PRINCIPALES. — Les ILES IONIENNES formaient autrefois la République des *Sept-Îles*, situées sur la côte occidentale de la Grèce. — Après avoir successivement appartenu aux Vénitiens, aux Turcs, aux Russes et aux Français, elles forment aujourd'hui un Etat soumis au protectorat de l'Angleterre. — Ces sept îles sont : — CÉRIGO (ancienne Cythère), au S. de la Morée; — ZANTE, à l'O. de la Morée; elle a environ 130 kilomètres de tour, et 45 mille habitants; — CÉPHALONIE, au N. O. de Zante; environ 260 kilomètres de circuit et 60 mille habitants; — THÉAKI (ancienne Ithaque), au N. E. de Céphalonie; — SAINTE-MAURE, au N. des précédentes; — PAXO (Paxos), très-petite, au N. O. de la précédente; chef-lieu, *Porto-Gago;* — CORFOU, au N. O.; elle a environ 180 kilom. de circuit et 60 mille habitants. Toutes ces îles, à l'exception de Paxo, ont des capitales qui portent les mêmes noms. CORFOU, la plus importante de toutes par sa population de 20 mille habitants, par son commerce et par ses importantes fortifications, est la capitale de la république et le siége d'un archevêque catholique et d'un métropolitain grec.

QUESTIONNAIRE. — § I. TURQUIE. 151. Quelles sont la position et les limites de la Turquie d'Europe? — 152. Comment se divisent les États turcs? — Comment sont partagées les provinces immédiates? — 153. Quelles sont les villes principales?— 154. Quelles sont les îles qui en dépendent? — 155. Quelle est la population de l'empire et à quelles races appartient-elle? — Quels sont la religion et le gouvernement? — 156. Faites connaître les possessions turques en Asie... en Afrique. — 157. Comment se compose l'armée? — Faites connaître la marine. — Quel est le revenu de l'État? — § II. 158. Quelle ost la situation des principautés danubiennes? — 159. Quelles sont les principautés danubiennes? — Quel est leur gouvernement? — Quelles sont leurs villes principales? — § III. GRÈCE. 160. Quelles sont les limites et la position de la Grèce? — 161. Quelles sont les divisions naturelles et les divisions politiques? — Indiquez les villes principales et les ports. — 162. Quelle est la grande île qui dépend de la Grèce? — Quelles sont les petites? — 163. Quelle est la population? — Quelle est la religion? — Faites connaître le gouvernement. — § IV. ILES IONIENNES. 164. Où sont situées les îles Ioniennes? A qui appartiennent-elles? — Quelles sont-elles? — Quelle est leur capitale?

APPENDICE.

GÉOGRAPHIE INDUSTRIELLE ET COMMERCIALE

PREMIÈRE PARTIE.

Production.

SOMMAIRE.

165. La géographie industrielle et commerciale a pour objet l'indication des localités où ont lieu la production, la fabrication, le transport des choses utiles à l'homme.

§ I. 166. Les productions naturelles comprennent les productions alimentaires et les productions industrielles. Les céréales proviennent principalement de la Russie méridionale, de la Pologne, des provinces danubiennes et des États-Unis ; la France ne produit guere au delà de sa consommation ; le riz provient de l'Italie et surtout des contrées chaudes d'Asie, d'Afrique et d'Amérique.

167. Le pays le plus favorisé pour la production des vins est la France, puis l'Allemagne méridionale, la Hongrie, l'Espagne et le Portugal, l'Italie, Chypre.

168. La canne à sucre vient en Asie et en Amérique ; la betterave produit le sucre en Europe ; l'olivier fournit l'huile dans les régions qui

122 GÉOGRAPHIE INDUSTRIELLE ET COMMERCIALE.

entourent la Méditerranée ; le colza d'Europe, le sésame d'Égypte, la graisse de baleine des mers boréales donnent des huiles industrielles. Le café provient d'Arabie, des Antilles, de Bourbon, des îles de la Sonde ; le thé, de la Chine et du Japon ; le cacao, des Antilles ; les épices, des îles de la Malaisie ; le tabac, de l'Amérique centrale et de l'Europe tempérée ; le sel, des rivages bas et unis de toutes les mers et des mines de France, d'Allemagne, etc.

169. La production animale, abondante en Danemark, en Angleterre, en Allemagne, en Suisse, est insuffisante en France. Les bestiaux sont innombrables dans les pampas de l'Amérique du Sud. L'Atlantique, aux environs de Terre-Neuve, produit de la morue pour la salaison ; dans les régions tempérées et septentrionales, le hareng et le maquereau.

§ II. 170. Le combustible principal est la houille, qui provient surtout de l'Angleterre, de la Belgique, des Etats-Unis, de l'Allemagne, de la France ; la tourbe abonde en Hollande et en Allemagne ; les bois de chauffage abondent partout.

171. Les bois de charpente sont en quantités considérables en Russie, Allemagne, Suède, Norvége, Suisse. Les marbres proviennent surtout d'Italie, d'Espagne, des Pyrénées, de Grèce.

172. La France, la Russie, l'Allemagne, mais surtout l'Angleterre et la Suède, sont riches en fer. L'or vient surtout de la Californie, de l'Australie, de l'Amérique équinoxiale, de la Guinée, de l'Oural ; l'argent, de l'Amérique méridionale, de l'Allemagne ; le cuivre, de l'Angleterre, de la Suède, de la Russie, de l'Allemagne, etc. ; l'étain, de l'Angleterre, de l'Asie, de l'Océanie ; le plomb, de l'Angleterre, de l'Allemagne, de l'Espagne, de l'Amérique ; le zinc, de la Belgique, de l'Angleterre, etc. ; le platine, de l'Oural.

173. Le coton vient de l'Amérique centrale, de l'Asie méridionale, de l'Egypte ; la laine, des moutons d'Espagne, d'Angleterre, d'Allemagne, de France, d'Australie ; le poil de chèvre, du Thibet et des pays voisins ; le lin et le chanvre, de Belgique et de toute l'Europe tempérée ; la soie, de l'Europe méridionale et tempérée et de la Chine.

174. Le diamant provient de l'Hindoustan, du Brésil ; le corail, de la Méditerranée ; l'ivoire, des éléphants d'Afrique et d'Asie ; les plumes, de l'autruche d'Afrique et des oiseaux du Nord ; les pelleteries, de Russie, Sibérie, Amérique du Nord ; la gomme, d'Arabie et d'Afrique ; le caoutchouc, d'Amérique ; l'indigo, de l'Inde, etc.

168. GÉOGRAPHIE INDUSTRIELLE ET COMMERCIALE. — Dans l'état actuel de la civilisation, la puissance et la richesse des nations dépendent principalement de l'industrie et du commerce ; l'industrie, qui met en œuvre les productions naturelles et les approprie à tous les besoins ; le commerce, qui les répand dans tous les pays pour suppléer par le superflu des uns à l'insuffisance des autres. Pour multiplier les relations des hommes entre eux et les enchaîner par un continuel échange de services réciproques, la Providence a très-inégalement réparti sur la surface du globe soit les productions nécessaires à la vie, soit les moyens de les utiliser.

Les objets que fournit la nature ou *matières premières* naissent souvent dans des pays qui n'offrent aucune des conditions indispensables pour employer et transformer ces matières, et plusieurs contrées merveilleusement dotées par l'industrie doivent aller chercher au loin des aliments a leur fabrication. C'est pourquoi le monde tout entier concourt à la fois à la réalisation définitive des choses nécessaires à la satisfaction des besoins naturels ou artificiels des nations civilisées.

Pour connaître les sources principales de la richesse des peuples, il faut donc étudier la *production*, l'*industrie* ou préparation des produits, le *commerce* ou circulation de ces mêmes produits. Tel est le triple objet que le programme embrasse sous le titre de Géographie industrielle et commerciale.

§ I. NOTIONS ÉLÉMENTAIRES ET SOMMAIRES SUR LES LOCALITÉS D'OÙ PROVIENNENT LES PRODUCTIONS LES PLUS UTILES : CÉRÉALES, VINS, ETC.
(PRODUCTIONS ALIMENTAIRES.)

166. CÉRÉALES. — Les productions naturelles se divisent en deux grandes catégories : les *productions alimentaires* et les *productions industrielles*. Nous devons, non pas en faire une énumération détaillée et complète, mais nous borner à indiquer les localités d'où proviennent les plus importantes.

Les productions alimentaires consistent principalement dans les *céréales*, les vins, les sucres et épices, et la production animale. La céréale par excellence, le *blé* ou froment, qui fournit à l'homme le plus essentiel et le meilleur de ses aliments, se produit assez inégalement dans tous les pays tempérés, et est entre eux un objet considérable d'échange. Dans les temps anciens, il était cultivé sur toutes les côtes septentrionales de l'Afrique et en Sicile, ces greniers du monde romain ; aujourd'hui, les pays qui le produisent en plus grande abondance sont la Crimée et les autres régions de la Russie méridionale. Elles en exportent tous les ans des quantités prodigieuses, embarquées à Odessa pour plusieurs contrées d'Europe, et spécialement pour l'Angleterre, qui est loin de produire la masse nécessaire à sa consommation. Les provinces danubiennes et la Pologne sont aussi extrêmement fertiles en blé. En Amérique, les États-Unis en produisent également des quantités fort supérieures à leur consommation. La France produit dans les années moyennes un peu plus de blé qu'elle n'en consomme, et ce n'est que dans les mauvaises années qu'elle est obligée de recourir à l'étranger pour suppléer à l'insuffisance de sa récolte.

Les autres céréales, que chaque pays produit a peu près dans la proportion de ses besoins, ne jouent pas un grand rôle dans le commerce international, si l'on excepte le *riz*, cultivé avec succès dans le Piémont et la Lombardie, mais principalement, et en extrême abondance, dans toutes les contrées chaudes de l'Afrique, de l'Amérique, de l'Asie surtout, où il forme la nourriture presque exclusive des Chinois et des Indiens.

Les pommes de terre, importées originairement d'Amérique et introduites seulement depuis la fin du siècle dernier dans l'alimentation habituelle de l'homme, y tiennent aujourd'hui une grande place, surtout dans les contrées septentrionales pauvres, et peu fertiles en céréales. La France en fournit des quantités assez considérables aux îles Britanniques, et spécialement à l'Irlande, où elles sont l'aliment presque unique du peuple.

167. Vins. — La production des *vins* se restreint à un nombre de localités beaucoup moindre que celle des céréales ; cette circonstance, jointe à la facilité du transport, en fait un produit extrêmement avantageux pour les pays où la vigne peut être cultivée avec succès.

La France est le pays le plus favorisé à cet égard. Ses vins, qui ne sont ni trop liquoreux, ni trop légers, sont pour la plupart éminemment propres à la consommation habituelle, et rien ne remplace sous ce rapport les qualités moyennes que fournissent la Bourgogne et le Bordelais. Les vins fins de Champagne, de la Côte-d'Or, des côtes du Rhône, du Roussillon, de Bordeaux, sont recherchés dans le monde entier. — La Crimée et quelques provinces du S. de la Russie s'occupent de la culture de la vigne, qui paraît y bien réussir. — L'Allemagne a ses vins du Rhin ; la Hongrie, le fameux Tokay, que l'on regarde comme le premier vin de liqueur du monde ; l'Espagne et le Portugal, les vins de Malaga, de Xérès, de Pacaret, de Porto. L'Italie, la Sicile, Chypre, Madère, les Canaries, le Cap (*Constance*), produisent des vins de liqueur fort renommés.

L'Asie, l'Afrique et l'Amérique sont, pour les vins, tributaires de l'Europe, et surtout de la France.

168. Sucres et épiceries. — Si ces trois parties du monde empruntent les vins à l'Europe, elles lui ont, en revanche, fourni presque exclusivement pendant des siècles le sucre et les autres épiceries appelées denrées coloniales. La *canne à sucre*, que l'on peut à peine cultiver en Sicile, prospère dans les chaudes régions de l'Asie et de l'Amérique. Ces contrées ont toutefois perdu le monopole de la fabrication du sucre depuis qu'on est parvenu à l'extraire abondamment de la *betterave*, qui croît à profusion dans toute l'Europe moyenne, et surtout dans la France et l'Allemagne. L'olivier, qui fournit principalement l'*huile* destinée à nos tables, est cultivé dans le midi de la France, où l'huile d'Aix est surtout recherchée ; il l'est encore dans l'Espagne, l'Italie, la Sicile, la Grèce, l'Algérie et toute l'Afrique septentrionale, la Syrie et les autres contrées de l'Asie occidentale. La noix, la faîne et les autres graines oléagineuses que produisent abondamment toutes les régions tempérées suppléent à l'insuffisance de l'olive. Les huiles industrielles sont tirées du colza, de la navette, du pavot ou œillette, cultivés en France, en Belgique, en Allemagne, en Angleterre, du sésame, précieux produit de l'Egypte et de la Syrie; de la graisse de la baleine et des autres cétacés qui font l'objet d'une pêche active dans les mers boréales et australes.

Le *café*, dont l'usage est devenu universel, nous est fourni par l'Arabie, qui a donné au plus estimé de ses produits le nom de *moka*; par les îles de la Sonde, et surtout Java, par l'île de la Réunion (Bourbon), par la Jamaïque, par la Martinique, la Guadeloupe et les autres Antilles. — Les mêmes îles de l'Amérique centrale fournissent le *cacao*, avec lequel se fabrique le chocolat.

La Chine et le Japon expédient le *thé*, dont l'Angleterre et l'Amérique font une grande consommation.

La *cannelle*, le *poivre* et les autres *épices* proprement dites viennent principalement des Moluques, des Célèbes, et autres îles de la Malaisie et du S. E. de l'Asie.

Le *tabac*, dont la feuille est devenue l'objet d'un immense commerce, provient originairement de l'Amérique centrale et spécialement des Antilles, où la Havane lui doit une renommée toute spéciale; il est maintenant cultivé dans plusieurs départements de France, dans toute l'Europe centrale et méridionale et dans l'Algérie.

Le *sel*, cet assaisonnement indispensable de tous nos aliments, se tire des eaux de la mer, sur tous les rivages, qui comme ceux de l'ouest de la France et du Portugal, présentent des plages unies et en pente douce où les eaux salées arrivent, s'étendent et s'évaporent facilement. Il se trouve également en blocs immenses dans les mines de sel gemme, abondantes surtout en Lorraine, en Franche-Comté, en Allemagne, en Pologne. Les habitants de quelques contrées centrales de l'Asie le tirent des grands lacs salés que renferme leur pays.

169. PRODUCTION ANIMALE. — La production animale, qui tient après les céréales la première place dans l'alimentation de l'espèce humaine, est souvent peu en rapport avec les besoins des populations. Tandis qu'un nombre d'États européens sont largement pourvus de bestiaux, d'autres se trouvent dans un état d'infériorité fâcheuse, que le perfectionnement de l'agriculture doit tendre à combattre. La France, malgré les ressources infinies de son sol, tient à cet égard un des derniers rangs parmi les nations d'Europe. Tandis que le Danemark possède 100 têtes de gros bétail, et la Suisse plus de 80 par 100 habitants, la France n'en a que 29 (1).

---

(1) Voici, du reste, le tableau de la richesse relative des divers États européens en espèces bovine et porcine.

ÉTATS	TÊTES de gros bétail par 100 habit.	ÉTATS	TÊTES de gros bétail par 100 habit.
Bœufs, Vaches, Veaux.			
Le Danemark.	100	Le Hanovre.	40
La Suisse.	85	Le grand-duché de Bade.	39
Le Wurtemberg.	71	La Saxe.	35
L'Ecosse.	62	La Prusse.	35
L'Autriche.	55	L'Angleterre.	33
La Lombardie.	50	Les Provinces rhénanes.	33
La Sardaigne.	46	Les Pays-Bas.	33
La Hollande.	45	La France.	29
Porcs.			
L'Angleterre.	33	La Hongrie.	18
Le grand-duché de Bade.	31	L'Irlande.	15
L'Espagne.	29	La Prusse.	15
La Sicile.	29	Les Pays-Bas.	15
La Hollande.	25	La Suède.	14
La Bavière.	19	La France.	14

La production animale la plus considérable est celle de l'Amérique méridionale, où des troupeaux innombrables errent dans les immenses plaines (Pampas) de la Plata et de l'Uruguay, et fournissent à la salaison des ressources inépuisables.

Les poissons salés, qui, après la chair des bestiaux, tiennent la plus grande place dans la nourriture animale et sont l'objet de commerce le plus important, sont : la morue, qui se trouve dans les mers voisines de Terre-Neuve; le hareng et le maquereau, qui se pêchent dans toute la partie tempérée et septentrionale de l'Atlantique. Toutes les nations maritimes, et spécialement les Hollandais, les Anglais et les Français, en font un grand commerce.

§ II. — NOTIONS ÉLÉMENTAIRES ET SOMMAIRES SUR LES LOCALITÉS D'OÙ PROVIENNENT LES FERS, HOUILLES, BOIS DE CONSTRUCTION, COTONS, ETC...

170. COMBUSTIBLES. — Les productions industrielles peuvent se diviser en 5 classes principales. Les *combustibles*, les *matériaux de construction*, les *matières destinées à la fabrication*.

Les combustibles réservés jusqu'à ces derniers temps en grande partie aux usages domestiques, ont acquis une excessive importance industrielle depuis que l'application de la vapeur aux machines a créé le plus puissant des moteurs.

La *houille*, ou charbon de terre, qui, sous un faible volume, produit en brûlant une chaleur intense, est le combustible industriel par excellence, et c'est de sa production abondante que dépend aujourd'hui la supériorité manufacturière. C'est l'Angleterre (surtout Newcastle), et après elle la Belgique (Mons et Charleroi), qui sont les pays d'Europe les plus favorisés sous ce rapport. Après elles viennent l'Allemagne et la France, qui ont aussi des bassins houillers d'une grande richesse. Les États-Unis ont d'abondantes mines de charbon de terre dont les produits ont singulièrement favorisé le rapide accroissement de leur richesse. Le bois et le charbon de bois, employés principalement pour le chauffage usuel, sont d'un grand usage et préférables à celui de la houille pour la fabrication du fer. — La tourbe, combustible de qualité inférieure, offre cependant de grandes ressources, à défaut de bois et de houille, aux habitants de la Hollande et d'une partie de l'Allemagne.

171. MATÉRIAUX DE CONSTRUCTION. — Les matériaux de construction consistent dans les bois et la pierre. La Russie, l'Allemagne tout entière et la Suisse sont les pays européens les plus riches en *bois* de charpente, chêne, pin, sapin, châtaignier, etc. La Suède et la Norvège surtout fournissent abondamment à toute l'Europe ces beaux sapins si précieux pour les constructions en général et surtout pour les constructions navales, et dont Drammen, en Norvège, est l'entrepôt le plus important. La France méridionale, l'Espagne et l'Afrique du Nord produisent le chêne-liége. L'Amérique équinoxiale envoie l'acajou et les bois des îles, si recherchés par l'ébénisterie.

Si les bois de construction peuvent être avantageusement un objet de commerce maritime, la difficulté de transport retient dans chaque contrée les pierres destinées à la construction, excepté celles auxquelles leurs qualités précieuses donnent une valeur particulière. Tels sont les *marbres*, dont les plus beaux viennent d'Italie et d'Espagne, des Pyrénées, de Grèce, de Belgique, et de quelques parties de l'Allemagne. Depuis que les progrès de l'industrie ont permis de fabriquer le fer à bon marché et de le travailler facilement, il est devenu d'un emploi fréquent dans les constructions terrestres et navales, où sa solidité sous un petit volume présente de grands avantages.

172. FERS ET MÉTAUX DIVERS. — Les matériaux destinés à l'industrie présentent une variété infinie.

Au premier rang, il faut placer les fers et les autres métaux qui alimentent les usines les plus considérables. Le *fer*, qui bien plus que l'or et le diamant fait la vraie richesse des peuples, est surtout abondant et de qualité supérieure en Angleterre et en Suède. Les mines de Suède fournissent le meilleur fer pour la fabrication de l'acier. La France, la Russie, l'Allemagne ont aussi de riches mines de fer, et celles du Harz, entre la Saxe et l'Autriche, sont fort renommées.

L'*or*, que l'on a récemment trouvé en quantités prodigieuses dans la Californie et l'Australie, existe encore, mais moins abondamment, dans les mines du Mexique, du Pérou, du Chili, du Brésil, et dans les flancs des montagnes de l'Inde. Les côtes de Guinée fournissent beaucoup de poudre d'or apportée de l'intérieur par les naturels. L'empire de Russie exploite en Europe et en Asie les mines d'or importantes des monts Ourals et de la Sibérie ; l'empire d'Autriche, celles de la Hongrie.

L'*argent*, auquel le Rio de la *Plata* doit son nom, se trouve en abondance dans la contrée qui avoisine ce fleuve et dans une grande partie de l'Amérique méridionale ; il existe dans l'Europe en plus grande quantité que l'or, principalement dans la Saxe (mines de Freiberg, etc., qui donnent à elles seules plus du quart de ce que produit toute l'Europe), dans le Hanovre (mines du Harz, de Klausthal), en Norvége (mines de Buckerad) et en Hongrie.

Le *cuivre*, dont la France est peu fournie, se tire surtout de la Norvége, de la Russie, de l'Angleterre, de l'Allemagne ; l'Afrique, l'Asie orientale et l'Amérique du Nord, et au S. le Chili, en sont généralement pourvues.

L'*étain*, qui était dans les temps reculés l'objet d'une exploitation si active dans le Cornouailles et les Sorlingues (Cassitérides), s'exploite encore en Angleterre, en Espagne. Il est surtout abondant dans l'Asie orientale et dans quelques îles de l'Océanie.

Les plus riches mines de *plomb* connues en Europe sont celles de Cremnits, en Hongrie ; on en trouve également dans plusieurs autres parties de l'Allemagne, en Angleterre, en France, et principalement dans l'Amérique du Nord.

Le *zinc*, qui a récemment conquis une place très-importante dans l'industrie métallurgique, provient de mines abondantes en Belgique (Vieille-Montagne), en Angleterre, en Allemagne.

Le *platine*, le plus lourd et le plus inaltérable des métaux, vient surtout des mines de l'Oural.

Le *mercure* est fourni principalement par l'Espagne (Almaden) et l'Allemagne en Europe, et par plusieurs contrées d'Amérique.
— Le *soufre*, par la Sicile, l'Italie méridionale, l'Islande et les pays volcaniques.

175. COTON, LAINE, SOIE, ETC. — L'industrie des tissus, dont l'importance balance celle de la métallurgie, est alimentée en première ligne par le *coton*, qui est cultivé, sur une petite échelle, en Sicile et dans l'Algérie, mais que produisent en quantités énormes la partie méridionale des Etats-Unis, le Mexique, les Antilles et toute l'Amérique équinoxiale, les Indes, la Chine, l'Egypte, qui fournissent à l'incalculable consommation de tous les pays tempérés.

La *laine* employée pour tous les tissus, variés à l'infini depuis les plus communs jusqu'aux plus riches, depuis la plus grossière couverture du marin jusqu'au cachemire et aux tapisseries les plus recherchées, la laine offre des qualités très-diverses, suivant les localités d'où elle provient. En Europe, ce sont les moutons mérinos d'Espagne, maintenant fort multipliés en Angleterre et en Allemagne, qui fournissent les plus belles laines. La Suisse, l'Italie, la Turquie, puis la France, produisent des laines plus communes, mais abondantes ; l'Autralie en expedie en Europe de grandes quantités. Les chèvres du Tibet, de Cachemire, d'Angora, et de la plus grande partie de l'Inde et de la Perse donnent le poil souple, fin et soyeux qui est employé à la fabrication des châles cachemires.

Le *lin* et le *chanvre*, matière première de tous les tissus de fil depuis la toile à voiles jusqu'à la dentelle de Valenciennes et d'Angleterre, sont cultivés dans toute l'Europe tempérée, notamment dans la Belgique, qui vient la première à cet égard, puis dans la France septentrionale, toute l'Allemagne, la Russie, l'Angleterre.

La *soie*, dont la préparation est une des principales sources de notre richesse nationale, est produite par les pays favorables au ver à soie et au mûrier, seule nourriture de ce précieux insecte. De la Chine, son pays d'origine, le ver à soie s'est répandu, vers l'époque des croisades, dans tout l'ancien continent. Les départements du sud-est de la France, l'Italie, l'Allemagne, la Russie méridionale, l'Espagne produisent de la soie en abondance.

174. PRODUCTIONS NATURELLES ET INDUSTRIELLES DIVERSES. — Parmi les autres productions naturelles et industrielles les plus importantes, nous nous bornerons à signaler : les pierres précieuses, parmi lesquelles les *diamants* se trouvent principalement dans l'Hidoustan (mines de Golconde) et au Brésil. Le *corail*, produit d'un animal marin, qui se pêche surtout dans la Méditerranée et abonde dans l'océan Pacifique ; l'*ivoire*, que fournissent les dents de l'éléphant dans l'Afrique et l'Asie méridionale ; les *plumes* de l'autruche, qui habite l'Afrique centrale ; les fins *duvets* des oiseaux de mer, communs dans les régions septentrionales ; les *pelleteries* ou fourrures de martres, d'hermines, de renards bleus, du castor, etc., qui sont en grand nombre dans l'Amérique du Nord, et dont les premiers se trouvent également en Pologne, en Russie et en *Sibérie* ; l'*écaille*, dont le *caret*, tortue de l'Asie méridionale et de la Malaisie, fournit la plus belle ; la *gomme*, qui découle du tronc d'arbres communs dans l'Afrique et l'Arabie, le *caoutchouc* et la *gutta-percha*, que produit la séve d'arbres de l'Amérique méridionale ; l'*indigo*, plante tinctoriale de l'Inde, les *bois de teinture*, produits par l'Amérique du Sud ; la *garance*, plante tinctoriale rouge, et le *chardon à foulon*, que fournit en abondance la France méridionale.

QUESTIONNAIRE. — 165. Qu'entend-on par géographie industrielle et commerciale ? — § I. 166. D'où proviennent les principales céréales, le blé, le riz ? — D'où vient la pomme de terre ? — 167. Quels pays produisent les vins les plus estimés ? — 168. D'où vient la canne à sucre ?... la betterave ? — Où sont cultivées les plantes d'où l'on tire l'huile ? — D'où proviennent le café, le cacao, le thé ? — D'où tire-t-on les épices, le tabac ? le sel ? — 169. Comparez les divers pays sous le rapport de la production animale. — § II. 170. Quel est le combustible industriel le plus important et d'où provient-il ? — 171. Quels pays sont les plus riches en bois de construction et autres bois ? — 172. Quels pays produisent le plus de fer? — D'où proviennent l'or, l'argent, le cuivre, le plomb, l'étain, le zinc? — 173. D'où sont tirés le coton, la laine, le lin, le chanvre, la soie? — 174. Quels pays fournissent le diamant, le corail, l'ivoire, l'écaille, les plumes, les pelleteries, le caoutchouc, la gomme, etc.

DEUXIÈME PARTIE.

Industrie. — Produits manufacturés.

SOMMAIRE.

175. La France, dont Paris, Lyon, Saint-Étienne, Lille, Rouen, Mulhouse, Valenciennes, etc., sont les villes industrielles les plus importantes, tient le premier rang pour la perfection et le bon goût de ses produits fabriqués.

176. L'Angleterre, où les centres d'industrie les plus importants sont Londres, Manchester, Birmingham, Bristol, Sheffield, Glasgow, Dublin, Limerick, etc., a d'immenses manufactures de tissus de coton, de laine, de soie, de machines à vapeur, d'ustensiles de fer ou d'acier, etc.

177. En Belgique, Bruxelles, Gand, Tournai, Malines, Charleroi, sont renommées pour la fabrication des métaux, des dentelles, des toiles, etc. La Hollande produit des toiles et des fromages.

178. L'Allemagne produit les porcelaines et toiles de Saxe, verres de Bohême, métaux travaillés, ouvrages en bois, soieries; la Suisse, l'horlogerie de Genève et de la Chaux-de-Fonds, les chapeaux de paille, les soieries.

179. La Russie est en voie de notables progrès industriels; elle produit des cuirs renommés, des toiles, des objets de ferronnerie.

180. Dans l'Europe méridionale, l'industrie est active : en Italie, au sein de la Sardaigne, du royaume Lombard-Vénitien, de la Toscane, se fabriquent des soieries, des chapeaux de paille, des instruments de musique, des armes, des cuirs. L'Espagne commence à relever son industrie.

181. L'Asie a plusieurs contrées très-industrielles : la Chine et le Japon sont renommés par leurs tissus de soie et de coton, leurs porcelaines, laque, papier, encre; l'Inde anglaise fabrique une prodigieuse quantité de cotonnade; la Perse, le Tibet et les pays voisins, des cachemires; la Turquie d'Asie, des tapis, des armes, des étoffes de soie et d'or.

182. Dans l'Amérique du Nord, l'industrie est florissante seulement aux États-Unis, où Boston, New-York, Philadelphie, Baltimore, etc., fabriquent sur une grande échelle les tissus de coton et de laine, les machines à vapeur, les ustensiles de fer et d'acier, etc.

183. En Afrique, le Maroc est renommé pour la fabrication du cuir dit maroquin. L'industrie de l'Égypte commence à prendre des développements.

175. CENTRES D'INDUSTRIE LES PLUS IMPORTANTS. — PRODUITS (FABRIQUÉS) PRINCIPAUX DE LA FRANCE. — La géographie industrielle de la France est présentée dans la partie géographique du volume de rhétorique, n°s 69 et suivants). Rappelons ici seulement que les grands centres de l'industrie française sont après *Paris*, que distingue l'extrême variété autant que l'importance de ses manufactures, *Lyon* et *Saint-Étienne*, pour les soieries ; *Lille, Roubaix, Tourcoing, Rouen, Tarare, Saint-Quentin*, l'*Alsace*, pour les filatures et les étoffes de coton ; *Mulhouse* et *Rouen*, pour les toiles peintes ; *Valenciennes, Caen, Alençon* et le *Puy*, pour les dentelles ; *Elbeuf, Louviers, Sedan*, pour la draperie ; *Beauvais, Aubusson*, pour les tapis ; *Saint-Gobain*, pour les glaces ; *Saint-Étienne, le Creuzot, Fourchambault*, pour la métallurgie ; *Marseille*, pour les savons, etc., etc.

L'industrie française, dont les progrès rapides ont été attestés par les expositions nationales et surtout par l'exposition universelle de 1855, est parvenue à égaler et même à surpasser sous beaucoup de rapports celle des pays étrangers. Ses soieries, ses rubans, ses tapis, ses bijoux, ses draps, ses tissus, son horlogerie, ses instruments de précision et de musique, ses meubles, ses porcelaines, sont recherchés dans le monde entier, non moins à cause de leur qualité et de leur perfection que pour le soin et le goût exquis qui président à leur fabrication.

176. CENTRES D'INDUSTRIE. PRODUITS MANUFACTURÉS D'ANGLETERRE. — L'Angleterre, qui est le pays du monde le plus riche en combustibles et en métaux, qui ouvre tous ses ports à la libre entrée des matières premières que ses vaisseaux vont chercher sur toutes les côtes, est aussi la contrée où l'industrie a reçu les plus grands développements ; nulle part, des machines plus nombreuses et plus puissantes, des manufactures plus multipliées et plus actives, ne fabriquent une plus grande masse de produits ; nulle part, plus de routes, de canaux, de chemins de fer, ne rapprochent les produits naturels des ateliers où ils s'élaborent. *Londres* est la plus industrieuse en même temps que la plus vaste cité de l'Europe. *Manchester* est le centre d'industrie le plus important de l'univers, pour la fabrication des étoffes de coton, et *Birmingham* pour les arts métallurgiques ; il faut citer ensuite, pour les manufactures de coton : *Preston, Bolton, Blackburn, Northwich, Oldham, Rochdale*, en Angleterre, et *Glasgow*, en Écosse ; pour les manufactures de laine : *Leeds, Halifax, Bradford, Northwich, Exeter*, en Angleterre, *Glasgow* et *Perth*, en Écosse ; pour les manufactures de lin : *Leeds, Exeter*, en Angleterre ; *Armagh, Dublin, Belfast*, en Irlande ; *Glasgow, Dundee*, en Écosse ; pour les fabriques de soie : *Londres, Nottingham, Du-*

blin; pour la fabrication de l'acier et des machines, après *Birmingham* : *Sheffield, Wolverhampton, Shrewsbury, Merthyr, Thydwill* ; pour les tanneries : *Bristol, Worcester, Warwick*, en Angleterre; *Limerick*, en Irlande; pour la verrerie et les cristaux : *Bristol, Glasgow;* pour la papeterie : *Hereford, Bristol*, etc., etc.

Les produits manufacturés de l'Angleterre sont principalement le coton filé et les tissus de coton, qu'elle répand dans le monde entier à cause de leur bas prix, et qui forment la branche principale de son commerce; puis, les tissus de laine, les tissus de lin, le sucre raffiné, le fer forgé et l'acier, les machines à vapeur, la quincaillerie et la coutellerie, les ouvrages en cuivre, en bronze, en étain, le plomb de chasse, les cuirs préparés, les ouvrages de sellerie, la papeterie, les cristaux, la bière, etc., etc.

177. CENTRES D'INDUSTRIE. PRODUITS MANUFACTURÉS DE BELGIQUE ET DE HOLLANDE. — La Belgique, quoique l'un des plus petits pays de l'Europe, occupe un des premiers rangs dans l'industrie manufacturière. Les principaux centres industriels sont : *Bruxelles, Gand, Tournai, Malines, Liége, Namur, Louvain, Charleroi, Courtrai, Turnhout, Verviers*, etc. — Ses produits manufacturés sont : les fers et autres métaux, les machines à vapeur, la quincaillerie, la taillanderie, les draps, les laines, les tapis, les cotonnades, les toiles de lin fabriquées en immense quantité dans les Flandres, la papeterie, la typographie, les huiles, la bière, etc.

La Hollande, dont les principaux centres industriels sont : *Amsterdam, Bois le-Duc, Delf, Haarlem, Utrecht,* est surtout renommée par ses toiles, ses fromages, ses faïences.

178. INDUSTRIE DE L'ALLEMAGNE ET DE LA SUISSE. — L'Allemagne, en y comprenant la Prusse et l'Autriche, offre de grands centres industriels : *Leipsig, Bautzen,* en Saxe; *Augsbourg, Bamberg, Nuremberg,* en Bavière ; *Hanovre;* les villes libres de *Francfort-sur-le-Mein, Brême, Hambourg, Lubeck;* — *Berlin, Breslau, Dusseldorf, Cologne, Francfort-sur-l'Oder, Elberfeld, Solingen,* en Prusse; *Zittau,* en Saxe, où se fabriquent de magnifiques toiles; *Lintz, Braunau,* dans l'Autriche; *Prague, Reichemberg,* en Bohême; *Debreczin, Szegedin,* en Hongrie; *Grætz,* en Stirie, etc. — Les principales productions fabriquées de l'Allemagne sont : les glaces et verres de Bohême, les porcelaines et les toiles de Saxe, les instruments de musique, les ouvrages d'ambre jaune (qui se trouve sur les bords de la Baltique), les jouets d'enfants et ouvrages en bois de Nuremberg et de la forêt Noire, les draps, les soieries, les blondes et dentelles, les cuirs, les ouvrages en fer et en acier, etc.

Les villes industrielles de Suisse sont : *Genève, Lausanne, Bâle, Berne, Neuchâtel, la Chaux-de-Fonds, Zurich, Lugano,* etc., dont les produits principaux sont l'horlogerie si renommée de Genève, les chapeaux de paille, les soieries, les mousselines.

179. INDUSTRIE DE L'EUROPE SEPTENTRIONALE. — La

Russie a fait, depuis quelques années, des progrès notables dans l'industrie, quoiqu'elle soit encore à cet égard fort en arrière des nations de l'Europe centrale. Ses principaux centres de fabrication sont : *Saint-Pétersbourg, Moscou, Nijni-Novgorod, Kazan, Toula, Iaroslaw*, etc., dans la Russie proprement dite; *Kalisz, Lublin, Tomazow*, etc., en Pologne. Elle fabrique des étoffes de coton et de soie, des toiles, des objets de ferronnerie et de métallurgie : elle prepare une immense quantité de cuirs et de maroquins justement renommés, de suifs, de pelleteries, de goudron.

Le Danemark, la Suède et la Norvége, où les manufactures diverses sont peu importantes, ne doivent pas être comptés au nombre des pays industriels de l'Europe.

180. Industrie de l'Europe méridionale. — Les pays du midi de l'Europe ont en général une industrie peu active, si l'on en excepte diverses parties de l'Italie, et notamment le royaume Lombard-Vénitien. *Milan, Bassano, Bergame, Côme, Crémone, Padoue, Udine, Vérone*, ont de grandes fabriques de soieries, de velours, de cuirs vernis et travaillés ; *Venise*, si longtemps célèbre par ses glaces, a une industrie variee ; *Milan* et *Brescia* fabriquent des armes et des instruments d'acier; *Crémone* et *Bergame* fabriquent des instruments de musique, etc. La Sardaigne, où les villes de *Gênes*, de *Turin, Saluces, Mondovi, Novare, Ivrée, Savone, Voltri*, tiennent un rang distingué dans l'industrie, a des manufactures importantes de bijouterie, de soieries, de drap, d'huiles d'olive, de chapeaux de paille. La Toscane, où les villes de *Florence*, de *Prato*, de *Sienne* sont florissantes par leur industrie, fabrique les chapeaux de paille les plus renommés, des soieries, des mosaïques en marbre et pierres dures, des bijoux. Les camées et les fines mosaïques sont une branche importante d'industrie à *Rome*. Le royaume des Deux-Siciles fabrique avec succès des soieries, de la coutellerie, des huiles, des ouvrages de corail, à *Naples, Bari, Campo-Basso, Piedimonte, Tarente*, sur le continent; *Messine, Catane, Trapani*, en Sicile.

L'Espagne commence à relever ses manufactures de draps, de soieries, de métaux. La Turquie, qui est loin de tirer parti des ressources de son sol et de son climat, produit des tapis, des parfums, des cuirs travaillés. Le Portugal et la Grèce ont une industrie peu développée.

181. Centres d'industrie. Produits principaux de l'Asie. — L'Asie renferme plusieurs contrées où l'industrie manufacturière a une activité prodigieuse. La Chine, qui a devancé l'Europe dans la plupart des inventions, fabrique une porcelaine magnifique, ornée de dessins bizarres, mais d'un grand éclat de couleurs ; des soieries, des étoffes de coton, des papiers d'une extrême finesse, des ouvrages d'ivoire, de bambou, travaillés avec une délicatesse extraordinaire, des meubles de laque où l'or et la nacre sont employés avec beaucoup d'art; une encre excellente. L'industrie du Japon est surtout connue par ses porcelaines, qui rivalisent avec celles de Chine, ses armes, ses tissus. L'Hindoustan a des fabriques gigantesques de cotonnades connues sous le nom d'*indiennes*, et de nombreuses manufactures de soieries; les provinces septentrionales de l'Hindoustan, la Perse, le Tibet et les contrées voisines fabriquent ces châles magnifiques, recherchés dans le monde entier sous le nom de cachemires de l'Inde. La Perse produit encore des soieries et des tapis renommés; dans la Turquie d'Asie, la Syrie produit des étoffes de soie superbes et des tissus mêlés d'or (*Alep*, *Damas*), des armes et une coutellerie d'une trempe incomparable (*Bagdad, Damas, Erzeroum*), des tapis d'une grande beauté (*Smyrne, Tokat*), des tissus de poil de chèvre d'une extrême finesse (*Angora*), des cuirs travaillés, des parfums recherchés, des fruits secs en immense quantité, de bonnes huiles.

182. **Centres d'industrie. Produits principaux de l'Amérique.** — Les Etats-Unis ont fait en peu d'années les plus rapides progrès dans tous les arts industriels. Les villes les plus florissantes par l'industrie sont : *Boston*, la première de toutes comme centre d'un nombre immense d'importantes manufactures qui couvrent tout le Massachussets; puis *New-York, Philadelphie, Baltimore, Charleston, Louisville, Nouvelle-Orléans*. Les Etats-Unis fabriquent avec un grand succès les machines à vapeur, les draps, les tissus de coton, les cuirs, les armes, les objets de taillanderie, de coutellerie, de carrosserie, de chaussure, de chapellerie, les sucres raffinés, etc. Dans l'Amérique du Sud, le seul pays où l'industrie ait quelque activité est le Brésil.

183. **Industrie de l'Afrique.** — L'Afrique n'a qu'une industrie peu importante et limitée à un très-petit nombre de contrées. Dans l'empire du Maroc, *Fez* et *Mogador* sont renommés par leurs fabriques de cuir connu sous le nom de *maroquin*. Il se distingue par une brillante couleur jaune qui n'a pu être encore imitée; le Maroc fabrique aussi des armes blanches et à feu, et des étoffes de laine. L'Algérie, sous la domination française, commence à posséder des manufactures importantes. L'Egypte a des fabriques d'armes, de soieries, de cotonnades, de tapis, *le Caire, Alexandrie* et *Damiette* ont une industrie prospère.

L'Océanie, importante comme pays de production naturelle, ne joue aucun rôle dans le monde industriel.

Questionnaire. — 175. Quels sont les centres d'industrie les plus importants et les principaux produits manufacturés de la France? — 176. De l'Angleterre? — 177. De la Belgique et de la Hollande? — 178. De l'Allemagne et de la Suisse? — 179. De la Russie? — 180. De l'Italie et de l'Europe méridionale? — 181. De la Chine, du Japon, de l'Inde, de la Turquie d'Asie? — 182. Des Etats-Unis? — 183. Du Maroc et de l'Égypte?

TROISIÈME PARTIE.

Commerce.

SOMMAIRE.

184. Les principaux centres et ports de commerce déjà indiqués en détail sont, en résumé : Londres, Hull, Bristol, Liverpool ; Paris, Lyon, Rouen, le Havre, Bordeaux, Marseille ; Bruxelles, Anvers ; Amsterdam, Rotterdam ; Leipzig, Francfort, Hambourg, Brême, Lubeck, Danzig ; Trieste ; Nijni-Novgorod, Saint-Pétersbourg, Odessa ; Stockholm, Christiania, Copenhague, Altona ; Lisbonne, Cadix ; Gênes, Livourne, Naples, Palerme, Messine, Constantinople, en Europe ; — Smyrne, Beyrouth ; Moka, Aden ; Bombay, Madras, Calcutta, Pondichéry ; Syncapour ; Canton, Macao, en Asie ; — Alexandrie ; Tunis, Alger ; Mogador, Tanger ; le Cap ; Port-Natal ; Port-Louis, en Afrique ; — Québec, New-York, Boston, San-Francisco, la Nouvelle-Orléans ; la Havane, Saint-Pierre, Rio-Janeiro, Montevideo, Buénos-Ayres, en Amérique ; — Manille, Batavia, Sydney, en Océanie.

185. Le commerce général résulte de l'importation et de l'exportation des produits naturels ou fabriqués. Les tarifs de douane modifient le mouvement naturel du commerce extérieur.

186. Les principaux produits importés en France sont la houille, le fer, le plomb, le cuivre, le zinc, le coton, le fil, la laine, la soie, les céréales, le sel, le sucre, le café, le cacao, les huiles, les suifs, les peaux et cuirs, les fourrures, les matières tinctoriales, les épices, les chevaux et bestiaux ; elle tire principalement ces produits de l'Angleterre, la Belgique, l'Allemagne, la Russie, les États-Unis, les Antilles, etc. La France exporte des machines, bijoux, verreries, porcelaines, gants, modes, tissus divers, garance, savon, sel, sucre raffiné, livres, et surtout vins, notamment en Angleterre, États-Unis, Antilles, Amérique du Sud, Russie, etc.

184. NOTIONS ÉLÉMENTAIRES ET SOMMAIRES SUR LES PRINCIPAUX CENTRES ET PORTS DE COMMERCE. — Nous avons déjà indiqué, dans la description de chaque contrée de l'Europe, les centres de commerce et ports principaux ; il nous reste seulement à grouper et à énumérer rapidement parmi ces diverses places, celles qui jouent le rôle le plus important dans le commerce, soit maritime, soit terrestre. Dans l'Angleterre, qui tient le premier rang pour le commerce comme pour l'industrie, nous citerons les places et ports de *Londres, Liverpool, Hull* ou *Kingston; Bristol, Southampton, Plymouth, Portsmouth, Douvres* (Angleterre); *Aberdeen, Leith* (Écosse) ; *Limerick, Cork* (Irlande). — En France, les grandes places de commerce à l'intérieur sont : *Paris, Lyon, Rouen, Lille, Strasbourg, Reims, Beaucaire,* etc. ; les ports : *Dunkerque, Calais, le Havre, Rouen, Nantes, Bordeaux, Bayonne,*

Cette, Marseille, qui à elle seule reçoit 2,056 navires sur un nombre total de 7,990 entrés dans tous les ports de France. En Belgique, les places de commerce à l'intérieur sont : *Bruxelles, Gand, Malines, Charleroi, Louvain* ; les ports : *Anvers, Ostende*. En Hollande, les places et ports principaux sont : *Amsterdam, Rotterdam, Flessingue*. — En Allemagne, les grandes places de commerce à l'intérieur sont : *Leipsig*, célèbre par ses foires annuelles ; *Dresde* (Saxe), *Francfort-sur-le-Mein* (ville libre), *Berlin, Francfort-sur-l'Oder*, dont les foires sont renommées (Prusse); *Mayence* (Hesse-Darmstad), *Manheim, Constance* (Bade) ; *Vienne, Prague, Brunn, Lemberg, Bude* (Autriche).— Les ports sont, sur la Baltique : *Hambourg, Lubeck, Brême*, villes libres, et *Danzig, Stettin, Elbing*, à la Prusse; sur l'Adriatique : *Trieste* et *Raguse*, à l'Autriche. —Les places de commerce les plus importantes de la Russie sont à l'intérieur : *Moscou, Nijni-Novgorod*, siège de la plus grande foire du monde ; on y apporte des marchandises d'une valeur moyenne d'environ 120,000,000 fr. ; *Makariew*, où se tient une foire qui dure un mois entier; *Mohilev, Kiev, Néjine*, renommées pour leurs foires. Les grands ports commerciaux de la Russie sont : *Arkangel*, sur la mer Blanche; *Saint-Pétersbourg, Riga*, sur la Baltique; *Odessa*, sur la mer Noire; *Astrakhan*, sur la mer Caspienne.

Les places et ports de commerce de la monarchie Suédo-Norvégienne sont : *Stockholm, Norkoping, Gœteborg* (en Suède); *Christiania, Drontheim* et *Bergen* (en Norvége). Le Danemark a pour centres de commerce et ports principaux : *Copenhague, Flensborg, Altona*.

Les grandes places de commerce et les principaux ports de l'Europe méridionale sont : *Lisbonne* et *Porto*, en Portugal ; — *Bilbao, Cadix, Carthagène, Alicante, Malaga*, en Espagne ; — *Nice, Gênes, Livourne, Civita-Vecchia, Naples, Otrante, Ancône*, en Italie ; *Palerme* et *Messine*, en Sicile ; *Athènes, Syra, Patras*, en Grèce ; *Constantinople, Salonique, Galatz, Varna*, en Turquie.

Dans les autres parties du monde, les places de commerce et ports principaux sont, en Asie : *Trébizonde, Smyrne, Beyrouth*, dans la Turquie d'Asie; — *Moka, Mascate, Aden*, dans l'Arabie ; *Bombay, Madras, Goa, Cochin, Pondichéry, Calcutta*, dans l'Hindoustan; — *Bangkok, Syncapour*, dans l'Indo-Chine; — *Canton, Macao, Ning-po, Shang-haï*, en Chine; — *Nangasaki*, au Japon; — *Okhotsk*, dans la Sibérie.

En Afrique : *Alexandrie, Damiette, Rosette*, dans l'Egypte ; —, *Tunis*; — *Bone, Philippeville, Alger, Oran*, dans l'Algérie ; — *Tanger, Mogador*, dans le Maroc ; — *Saint-Louis* et *Gorée*, dans le Sénégal; — *le Cap*, au S. de l'Afrique; — *Mozambique, Port-Natal*, sur la côte orientale de l'Afrique ; — *Port-Louis*, dans l'île Maurice.

En Amérique : *Québec, Halifax*, dans la Nouvelle-Bretagne; — *New-York, Boston, Baltimore, Philadelphie, la Nouvelle-Or-

léans, San-Francisco, dans les Etats-Unis ; — la *Vera-Cruz, Mazatlan, Acapulco,* au Mexique ; — *la Havane,* dans l'île de Cuba ; — *Port-au-Prince,* dans l'île d'Haïti. — *la Pointe-à-Pitre,* à la Guadeloupe ; — *Saint-Pierre,* à la Martinique ; — *Chagres, Panama, Carthagène,* dans la Nouvelle-Grenade ; — *Georgetown, Paramaribo, Cayenne,* dans les Guyanes ; — *Bahia, Rio-Janeiro,* au Brésil ; *Montevideo,* dans l'Uruguay ; — *Buénos-Ayres ,* dans la Plata ; — *Valparaiso,* au Chili ; le *Callao,* au Perou.

En Océanie : *Manille,* dans les Philippines ; — *Batavia,* dans l'île de Java ; — *Sydney, Port-Lincoln,* dans l'Australie.

185. MATIÈRES PREMIÈRES OU FABRIQUÉES QUI DONNENT LIEU A L'IMPORTATION OU L'EXPORTATION. NOTIONS GÉNÉRALES. — Le commerce général, qui consiste dans le transport et l'échange entre nations des objets utiles à l'homme, a pour aliments et les produits naturels et les produits manufacturés. Ses produits consistent dans la différence entre le *prix de revient,* c'est-à-dire le prix auquel les négociants se procurent les objets, et *le prix de vente,* c'est-à-dire celui qu'ils peuvent se faire payer par les acheteurs. Le grand commerce s'établit spontanément entre les pays où les denrées et matières premières ou fabriquées sont abondantes et par conséquent à bon marché, et ceux où les mêmes objets sont rares et ne peuvent être obtenus sur les lieux mêmes qu'à grands frais. Cette direction naturelle du commerce existerait partout, si *le libre échange* pouvait être partout pratiqué ; mais la plupart des nations, pour se mettre en état de se suffire à elles-mêmes , soit dans la prévision d'une guerre qui interromprait le commerce extérieur, soit dans le but de protéger chez elles les premiers développements de la production et de l'industrie indigènes, entravent par des droits de douane ou prohibent même d'une manière absolue l'entrée ou la sortie de certaines marchandises. Ce *système protecteur,* que la prudence commande encore à la France, restreint nécessairement, au profit d'autres intérêts, l'essor du commerce extérieur ; il a été abandonné par l'Angleterre, dont l'industrie ne redoute aucune concurrence, dont les moyens de transport dépassent ceux de toutes les autres nations, et qui doit à l'application de la théorie du libre échange un redoublement d'activité commerciale.

Ces explications font concevoir que ce n'est pas seulement la rareté ou l'abondance de la production, soit en France, soit à l'étranger, qui règlent nos importations et nos exportations, mais surtout les dispositions des tarifs de douane. Ainsi, parmi les objets de première nécessité, la France soumet à des droits élevés l'introduction du fer brut et prohibe celle des ustensiles de fer fabriqué que l'étranger produit à meilleur marché qu'elle-même, afin de protéger chez elle l'industrie des hauts fourneaux où se traite le minerai extrait de son sol et celle des forges et fabriques qui mettent en œuvre le fer de provenance française. Du reste, les tarifs tendent de plus en plus à favoriser l'entrée des denrées et des matières premières et la sortie des objets manufacturés.

186. PRODUITS IMPORTÉS OU EXPORTÉS ENTRE LA FRANCE ET L'ÉTRANGER. — Les matières premières et fabriquées qui donnent lieu à importation et exportation dans les divers pays du monde, ne sont autres que les produits naturels ou manufacturés dont l'indication a fait l'objet des deux chapitres précédents. Pour éviter des répétitions inutiles et concentrer l'attention sur les points les plus pratiques et les plus utiles, nous étudierons le commerce général d'importation et d'exportation des divers pays dans leurs rapports avec la France. Un état publié par l'Administration générale des Douanes fournit à cet égard les documents les plus précis, qui ne s'arrêtent qu'à la fin de l'année 1853.

La *houille*, dont la France a reçu en 1852 environ 27 millions de quintaux metriques, lui est importée de *Belgique* pour près des deux tiers, d'*Angleterre* et des places de l'*Association commerciale allemande* (Zollwerein).

Le *fer en fonte* brute (460 mille q. m.), de *Belgique*, pour plus de moitié, d'*Angleterre*, de *Suède*.

Le *plomb* (255 mille q. m.), d'*Angleterre*, d'*Allemagne*, des *États-Unis*.

L'*étain* (25 mille q. m.), d'*Espagne*, d'*Angleterre*.

Le *cuivre* brut (97 mille q. m.), d'*Angleterre*, de *Suède*, de *Russie*, d'*Allemagne*, du *Chili*.

Le *zinc* (178 mille q. m.), de *Belgique* pour près de moitié, des *villes libres d'Allemagne*, des places de l'*Association commerciale allemande*, etc.

- Le *coton* en balle (842 mille q. m.), des *États-Unis*, pour plus des sept huitièmes, et de l'*Égypte*.

Le *fil* de lin et de chanvre (14 mille q. m.), de *Belgique* pour les deux tiers, et d'*Angleterre*.

- La *laine* (325 mille q. m.), de l'*Allemagne*, de l'*Angleterre*, de l'*Espagne*, de la *Suisse*, de la *Russie*, d'*Australie*, etc.

- La *soie* (35 mille q. m.), d'*Italie*, de *Suisse*, d'*Espagne*.

Les *toiles de lin et de chanvre* (15 mille q. m.), de *Belgique* pour la presque totalité, et d'*Angleterre*.

Les *céréales* (1,243 mille q. m.), de la *Russie*, des *États-Unis*.

Le *sel* (205 mille q. m.), de *Portugal* pour les trois cinquièmes, de l'*Angleterre*, de l'*Italie*.

La *bière*, de *Belgique* (Louvain), d'*Angleterre* (l'ale et le porter.)

Les *sucres* (1,500 mille q. m.), des *colonies françaises* pour les deux tiers, des *colonies anglaises* et *espagnoles* pour le surplus.

- Le *café* (344 mille q. m.), de l'*Arabie*, de la *Jamaïque*, de la *Martinique*, de l'*île de la Réunion* (Bourbon.)

- Le *cacao* (32 mille q. m.), des *Antilles*.

L'*huile d'olive* (200 mille q. m,), d'*Italie*, d'*Espagne*, de *Grèce*.

Les *graines oléagineuses*, sesame, lin et autres, d'*Égypte*, de *Belgique*, d'*Allemagne*.

Les *graisses* (suif, etc.), de *Russie*, d'*Allemagne*, de *Buenos-Ayres*, de *Montevideo*.

Les *peaux* et *cuirs*, de *Russie*, d'*Allemagne*, de l'*Amérique du Sud*.

Les *fourrures*, du *Canada*, des *États-Unis*, de la *Russie*.

Le *bois de sapin*, de *Norvége* et de *Suède*.

Le *bois d'acajou* (75 mille q. m.), du *Brésil*.

L'*indigo* (14 mille q. m.), le *safran*, de l'*Hindoustan*.

Le *bois de campêche*, du *Mexique*.

Les *épices*, de la *Malaisie* et de l'*Indo-Chine*.

Les *chevaux*, du *Mecklembourg*, d'*Oldenbourg*, du *Holstein*.

Les *moutons* et autres bestiaux, de *Suisse*, d'*Espagne*, d'*Angleterre*.

Tels sont les objets qui figurent pour une quantité notable dans les importations que la France reçoit des divers pays du monde, et qu'on évalue à plus d'un milliard.

La France exporte pour une valeur d'environ un milliard et demi de produits, soit naturels, soit surtout fabriqués, dont les principaux ont été, en 1852 :

Les *machines* et *mécaniques* (5,800,000 q. m.); la *bijouterie*; les *verres* et *cristaux*, dont une notable partie est exportée aux États-Unis (216 mille q. m.); les *porcelaines* fines et communes (35 mille q. m.); les *peaux ouvrées* et les *gants*; les *modes* (5 millions de q. m.), recherchées dans le monde entier à cause du goût qui les distingue, et exportées principalement pour la Russie, les États-Unis, le Brésil, Buenos-Ayres, Montevideo, les colonies ; les *chaussures*, pour l'Angleterre; les *tissus de laine*, draps et autres (57 millions de q. m.); les *cotonnades teintes et imprimées* (54 millions); les autres *tissus de coton* (57 millions); les *tissus de soie* (27,500 mille); les *toiles de fil* (1,700 mille); la *garance* (157 mille q. m.); et le *chardon à foulon*, dont une grande partie s'expédie en Allemagne et en Russie; le *savon* (59 mille q. m.); le *sel* marin et le sel gemme (1 million de q. m.); le *sucre* raffiné (160 mille q. m.); les *céréales* (4 millions de q. m.).

La France exporte principalement en Russie une quantité notable de *livres*, gravures, lithographies.

Enfin les *vins*, qui forment un des objets les plus considérables d'exportation pour toutes les contrées du globe, figurent au tableau officiel pour environ 2 millions 500 mille hectolitres de vins communs, 24 mille de vins de liqueur, 500 mille d'eau-de-vie de vin, 4,500 d'esprit-de-vin. La plus grande partie est exportée en Angleterre et dans les États-Unis.

QUESTIONNAIRE. — 184. Rappelez sommairement les grands centres de commerce et les ports principaux des diverses contrées de l'Europe. — Nommez ceux des autres parties du monde. — 185. En quoi consiste le commerce général ou international? — Quel en serait le développement naturel? — Qu'est-ce qui en modifie la direction et dans quel but? — 186. Faites connaître les principaux objets d'importation et d'exportation et les pays avec lesquels la France correspond à cet égard.

TABLE DES MATIÈRES.

CHAPITRE PREMIER.
Géographie physique de l'Europe... 1

CHAPITRE DEUXIÈME.
Montagnes de l'Europe... 11

CHAPITRE TROISIÈME.
Division de l'Europe en grands bassins. — Fleuves et lacs..... 18

CHAPITRE QUATRIÈME.
Population.— Races.— Religions.— Communications.— Climat. — Productions.. 23

CHAPITRE CINQUIÈME.
Grande-Bretagne : Divisions, villes, gouvernement, etc........ 30

CHAPITRE SIXIÈME.
Hollande. — Belgique. — États scandinaves.................... 46

CHAPITRE SEPTIÈME.
Russie. — Pologne... 62

CHAPITRE HUITIÈME.
Confédération Germanique.. 70

CHAPITRE NEUVIÈME.
Prusse.. 84

CHAPITRE DIXIÈME.
Empire d'Autriche.. 88

CHAPITRE ONZIÈME.
Suisse et États italiens... 94

CHAPITRE DOUZIÈME.
Espagne et Portugal... 106

CHAPITRE TREIZIÈME.
Turquie d'Europe et Grèce.. 113

APPENDICE.
Géographie industrielle et commerciale.

1re Partie : Production... 121
2e Partie : Industrie. — Produits manufacturés................... 130
3e Partie : Commerce... 135

Paris. — Imprimerie de Édouard BLOT, 46, rue Saint-Louis, au Marais
(Ancienne maison Dondey-Dupré).

www.ingramcontent.com/pod-product-compliance
Lightning Source LLC
Chambersburg PA
CBHW060136100426
42744CB00007B/802